卖什么
都是卖体验

沃尔特·迪士尼世界度假区业务执行副总裁
独家传授39条客户体验法则

〔美〕李·科克雷尔（Lee Cockerell）◎著　　张凌云◎译

THE CUSTOMER RULES:
The 39 Essential Rules for
Delivering Sensational Service

民主与建设出版社
·北京·

Ⓒ 民主与建设出版社，2021

图书在版编目（CIP）数据

卖什么都是卖体验 /（美）李·科克雷尔著；张凌
云译. -- 北京：民主与建设出版社，2020.5（2021.2重印）

书名原文：The Customer Rules

ISBN 978-7-5139-2972-1

Ⅰ.①卖… Ⅱ.①李… ②张… Ⅲ.①企业管理 – 销
售服务 Ⅳ.①F274

中国版本图书馆CIP数据核字(2020)第041872号

版权登记号：01-2020-2172

Published by agreement with the author,c/o the Chinese Connection Agency , a division of
The Yao Enterprises,LLC.

Copyright Ⓒ2013 by LEE Cockerell.

卖什么都是卖体验
MAISHENME DOUSHI MAITIYAN

著　　者	（美）李·科克雷尔	
译　　者	张凌云	
责任编辑	程　旭	
封面设计	仙境设计	
出版发行	民主与建设出版社有限责任公司	
电　　话	（010）59417747　59419778	
社　　址	北京市海淀区西三环中路10号望海楼E座7层	
邮　　编	100142	
印　　刷	唐山富达印务有限公司	
版　　次	2020年5月第1版	
印　　次	2021年2月第2次印刷	
开　　本	880毫米×1230毫米　1/32	
印　　张	7	
字　　数	120千字	
书　　号	ISBN 978-7-5139-2972-1	
定　　价	46.00元	

注：如有印、装质量问题，请与出版社联系。

谨以此书

献给

普丽西拉①

---

① Priscilla，作者的妻子，译者注。

目 录

引 言

优质客服——和善待人

前不久，我举办了一场家庭聚会，大人们聊到了几家客服质量良莠不齐的企业。出于好奇，我问我当时12岁的孙女玛戈特（Margot）："你觉得评判客户服务好不好，最重要的是什么？"她毫不迟疑地告诉我："和善待人呀！"

进入职场后，我一直苦于思索一些客服问题，却始终不得其解。不料想，竟被个孩子一语点醒！十多岁时我就开始了职业生涯，先是在药店做店员，后来又在俄克拉何马州一个小镇的木场做木工。直到进入沃尔特迪士尼世界，出任执行副总裁，我才攀上了自己职业生涯的顶峰。当时，手下带领着四万名员工，管理着三万

多间客房的度假酒店，四个主题公园，两个水上乐园，两个高尔夫球场，一个购物村，一个夜场娱乐中心，一个休闲中心，还有其他一些事务。这一路走来，我做过火头军、宴会服务员、饮食监管员，还曾出任过希尔顿酒店和华尔道夫饭店餐饮总监、万豪酒店餐厅总监兼总经理，迪士尼公司巴黎及奥兰多分部高级总裁。

在酒店服务业打拼的这40多年，我一直在寻求完美的客户体验。这些年来，从自己的亲身实践中，从才华横溢的同事和导师那里，我汲取了很多宝贵的经验。但玛戈特给出的"和善待人"一词，简简单单四个字就道破客户体验精髓。浅显易懂，却也再正确不过了。

"和善待人"真可谓一语中的。这个词儿在词典里的释意："指人态度温和、个性善良、平易近人等等。"做生意，谁不想跟这样的人打交道呢？思索着玛戈特的回答，我突然意识到，优质的客户服务不仅仅是指做事，还关乎做人。即便有着世界一流的政策流程和培训体系，但如所托非人，那必然也是注定要功败垂成。做事，自然必不可少。本书中的很多客服法则，其实都是围绕着做人做事总结出来的，正可谓"做事先做人"。一个人的品质（包括态度、人品和行为举止等）是赢得客户的关键。销售顾问莉兹·塔希尔（Liz Tahir）说："客服人员的素质决定着客服质量。"有关优质客服的两个方面——做人和做事，我们会在书中做深入探讨。

假设你是位客户，受理你业务的工作人员照章办事，高效地完成了交易过程，但态度不大友善，甚至冷漠、傲慢，还迫不及待地赶着下班；反之，另一位受理人员业务水平一般，甚至工作中出现失误，但能坦诚道歉并及时弥补，而且始终彬彬有礼，也乐于为客户提供服务。你会选择哪一位来受理业务呢？

本书与我的处女作《创造奇迹：迪士尼的十大通用领导力策略》（*Creating Magic: 10 Commom Sense Leadership Strategies from a Life at Disney*）可谓是相得益彰。从逻辑上看，前者是后者的续篇。《创造奇迹》一书，主要针对的是有雄心壮志的领导者。而本书面对的

是广大的读者，其中包括最高层管理者，以及直接对接消费者和客户的一线客服人员。书中内容不仅适用于客服代表，也适用于销售人员、服务人员、技术支持分析师、维修工人、接待人员、售（检）票员、送货员、清洁工。甚至还适用于投资银行家、律师、教师、医生、护士等专业人士。《创造奇迹》一书中我重点提到了，无论职位高低，每个人都可以发挥领导力。不过，领导之所以成为领导，身边至少得有一位下属。本书讲的是，企业的每一位成员，无论是坐在管理办公室还是行政套房，都可以（并且应该）通过电话（或直接面对面地）为客户服务。

本书最终要告诉读者的是，无论职务头衔高低，都应该始终以严谨真诚的工作态度和富有创意的工作方式去接待客户。唯其如此，客户才会时常光顾，才会迫不及待地把企业推荐给身边的亲朋好友和同事。书中吸纳了我从一线服务人员到全球知名公司高级总裁这期间所掌握的全部知识经验，以及我作为消费者对企业服务质量的一些长期观察思考。可以说，这39条浅显易懂的基本法则融汇了我多年来积累的工作经验，能帮助企业提升各层级的服务质量。如果工作中要跟客户直接打交道，书中的内容能帮助你提升服务质量，让你成为企业不可多得的人才。此外，这些法则也有助于管理者学习如何制定"客户至上"的企业政策和运营流程，有助于企业招募培养优秀员工，为企业或团队赢得最宝贵的收益增长型资产———一流的客户服务，让企业声名远播。

对于各行各业，无论规模大小，国有的还是私营的，营利性的还是非营利性的，这些法则皆可适用。事实证明，这些法则对于迪士尼和万豪这样的跨国企业适用，对于实体店铺和线上零售业也同样有效。无论经营的是高大上的平板电脑，还是林林总总的医疗保险，抑或是司空见惯的鞋子、咖啡，这些法则都能派上用场。书中每条法则各设一章，篇幅短小精悍，一两分钟就能读完一两章，读完后立马就可以付诸实践。

企业领导者所做的一切，归根到底都是在为"客户体验"服务。向来如此。按目前的发展趋势，客户体

验对于企业未来几年的成功发展尤为重要。当今，市场竞争激烈。企业要赢得客户，单靠优质的产品、精良的技术、高效的运营流程、实惠的销售价格是远远不够的。还得跟客户真诚地、面对面地沟通，让客户在物质需要和情感诉求这两个方面都得到满足。史蒂芬·丹宁（Stephen Denning）曾在《领导者全新管理指南》（*The Leader's Guide to Radical Management*）一书中写道："竞争如今已经是全球化性的了。再加上，消费者有许多的方式和途径可以获取可靠的信息，社交媒体渠道彼此沟连。所有这些都使得消费者成了市场的实际掌控者。这个转变要求企业，不仅要更多地关注客户体验，还要调集人力物力为客户尽快创造出更高的价值。"

丹宁将当今社会划归为"消费者资本主义时代"，很贴切，因为权力现在已经从卖方移交给了买方。正因如此，本书的英文名称其实是一语双关的。客户就是上帝。企业要想赢得客户、留住客户，就得想方设法将忠实的客户转变成为帮助企业宣传的倡导者和先锋。这可不是商业套话。客户是企业创收盈利的唯一来源。没有客户，公司就会破产，员工也会饭碗不保。但如能按客户体验法则行事，客服质量和最终效益就都会得到提升。这么浅显的道理，我12岁的孙女都懂。

法则1

服务客户，人人有责

在商界摸爬滚打40多年，我深刻领悟到了一个道理：客户服务，不是设个部门或摆张桌子让消费者（或客户）去反映问题或投诉，也不是建个网站或开通一部电话热线。当然，更不是用电话菜单预先录制语音播报。客户服务不是一件苦差事，它是一份责任，不只是客服代表的责任，也是企业每位员工的责任。无论是首席执行官，还是直接对接客户的新人或"职场菜鸟"，都跟客服有着撇不清的关系。"人人都是客服代表。"每位员工多多少少都会影响客户的体验，因而也担有一定的责任。即便跟客户（或潜在客户）素未谋面，也要以诚相待，无论他们是零售商、债权人还是供应商。要知道，为这些人提供满意的服务，最终惠及的是客户。

"优质服务服务于企业的基本业务目标。"这句话听上去很简单。不过，我发现一些企业高管对此常常不屑一顾。他们会说："这是商品时代，归根结底还是得靠产品取胜。"如果这话是在我面前说，我就会说："那您最好能确保产品质量毫无瑕疵，因为即便你们的客服是世界上最棒的，也会无力弥补产品的瑕疵。"还会告诫他们，除非他们的产品始终是世界上独一无二的，否则，单靠产品质量根本无法保证长期获利。屡有证据显示，优质客服可以最有效地让企业在竞争中脱颖而出。事实上，无论哪家企业或哪个行业，产品或业务都可能多多少少地面临同行业竞争。诚挚热情的个性化服务，能让企业在竞争中胜人一筹。无论做什么业务，优质服务都会形成一种竞争优势，为客户创造出巨大的价值。这么好的优势岂能白白浪费？当今，市场竞争异常激烈。如果服务达不到标准，客户就可能会立马转身离开。我说的你可能不

信。那么，来看看专家们的研究吧。有研究曾做过一项调查：受访者被问及在什么情况下会放弃交易时，有43%的受访者把"工作人员带来的负面体验"列为主要原因，另有30%的受访者表示是因为觉得自己没有受到重视。

我的观点是，绝大多数人都会期待优质的产品和业务，而这也是最低的行业标准。如果提供的产品或业务是客户想要的，而且客户服务也超出了客户的预期，企业就能在竞争中所向披靡，让所有对手难以望其项背。切记，不要混淆销售业务和客户服务这两者的概念。销售业务是指客户购买的产品或业务，而客户服务则涵盖了客户体验的方方面面——从客户首度登录企业网站，或迈进企业大门，直至他们下线或离开。客户服务把情感因素纳入了交易。执迷于金钱的人往往会对情感因素这个概念嗤之以鼻。不过，在几家世界上最赚钱的企业效力了数十年，我得出的经验是，情感因素比交易资金更重要。所以，我们不仅要把情感因素带入商业交易，还要做到至美、至善、至诚。

有些中高层管理者将客服理念视如敝屣。他们觉得客户服务属于小伎俩，难登大雅之堂。他们肩负企业决策大任，时时刻刻都在被各种硬性指标和竞争对手夹击，哪有精力关注客服？对于他们来说，研发新产品，制作吸引眼球的广告，开拓新科技新市场，这些才比较重要，能让他们激情四射。他们认为，客户服务是客服部门的事情，沟通能力良好的客服人员自己就可以搞定。这种想法大错特错！公司每一位员工都应该把自己当成客服部门的一分子。几年前还在迪士尼世界负责运营工作时，我把一线管理人员的头衔换成了"游客服务经理"。要求他们走出办公室，将80%的工作时间用于运营工作，为直接下属提供客服支持。这个举措一经实施，游客的满意度随之飙升。其实，无论是首席执行官，还是中层领导或部门主管，都应该与团队成员携手为客户服务。

优质服务的成本并不比一般服务或劣质服务高，

但它带来的回报是惊人的。因此，我们应该把客户服务列入每位员工的岗位职责，将其视作企业整体运营的指路明灯，调动企业各方面的力量潜心打造优质客服。

法则2

不要疏忽任何一位客户

　　商界有句老话:"一次成功赢得一位客户,一次疏忽失去一位客户。"不过,时过境迁。在现今这个社交媒体发达的时代,一次疏忽就可能失去成千上万的客户。客户一旦被冒犯,敲几下键盘就能将满腹愤懑昭告所有邮箱联系人、社交网站好友、博客粉丝以及微博上关注他的所有人,还有可能会用手机诉说自己的委屈,然后再附上应时应景的图片发到朋友圈。要是他突发奇想,说不定还会找来迈克尔·摩尔(Michael Moore)拍一部纪录短片,再配上音乐特效,在互联网上必然掀起一场像病毒一样迅速蔓延的运动,给企业带来重创。有一家大型航空公司就曾遭遇过这种情况。这家航空公司

规定，每位从阿富汗登机返美的士兵只能免费托运三个包裹；包裹超过三个的，得另行承担运费。士兵们把这事拍成视频上传到了YouTube。一天之内，航空公司收到了数以千计的投诉，最终不得不做出让步。

按理说，客户对服务感到满意，就应该交口称赞，但事实并非如此。客户只有对服务感到心悦诚服，才会给予赞誉。相比之下，心怀愤懑的人跟身边人倾诉的可能性更大。"群情激愤"事件的曝光，比无关痛痒的褒奖更容易引起关注。相比正面信息，人们通常更关注负面信息。对风险保持警惕，这其实也是人类进化机制决定的。路遇交通事故，司机会很自然地减速慢行。但即便看到路边有人在修车胎，估计他们也很少会减速关注。正所谓"好事不出门，坏事传千里"。人们都容易把警告牢记于心，却往往对劝告、建议置若罔闻。这或许是由我们的DNA的先天构造决定的。对此我也深有体会。我遇到过的优质客服也不少，但很少对此大书特书。不过，有一次航空公司（与上文同）断然拒绝了我的合理请求。我便把自己的遭遇直接发到了博客上。

事情是这样的。我本打算在几场演讲的间隙陪家人一起度假。行程安排的是，先从奥兰多飞波士顿，再飞巴黎、南非约翰内斯堡，然后返回奥兰多。我预订了那家航空公司的机票。票价不菲。临行前一个月左右，我收到了一封去波士顿演讲的邀请函。对此我也很感兴趣，所以想调整一下行程，当然也不想让手上的机票作废。于是，向航空公司客服代表申请取消奥兰多飞波士顿的那段行程。我并没有要求航空公司退还那段行程的机票费用，不过是我的日程不允许我坐那趟航班罢了。甚至，我还表示愿意补偿差价。因为票价在我订票后涨上去了。航空公司的答复是"不行"。我打了几次电话，得到的答复都是"不行"。问他们为什么，客服说，是航空公司的规定，禁止乘客对机票作任何改动。还说，如果我不乘坐奥兰多飞波士顿的那次航班，其余行程的机票也要作废。也就是说，我只能选择取消波士顿的演讲，或者，把所有行程的机票全部作废。很难想象，竟然会有如此不通

情理的规定。航空公司做出这样的回复，简直是在弄巧成拙。现在，除非没得选，否则我绝不会选择那家航空公司的航班，尽管我已经积累了很多飞行里程，并且有机会升舱。升舱和网上办理登机手续一样，只不过是航空公司的一项业务。很遗憾，那家航空公司似乎并不明白，他们那种僵硬机械的服务与有人情味儿的优质客服有着天壤之别。

我之所以这么做只是想告诫这家航空公司，劣质客服只会让企业付出惨痛的代价。这个例子我也经常在演讲和研讨会上提到，常被拿来和其他优质航空公司作对比。

我认为，客户的每次拜访都很重要，无论他们选择面对面，还是打电话或通过网络，客户服务都关系着企业的声誉。一次疏忽，惹怒了客户，损失的绝不只是那一位客户。如果客服能在交易中为客户创造附加价值，就能为公司留住客户，而客户也会把自己的愉快体验转告身边的人。优质的客服会让客户觉得物超所值。用真诚友善、细心周到的服务打动客户，这样，他们才会迫不及待地到网上宣传自己的愉快体验。客户对客户服务感到满意的话，就会变成企业最给力的推销员。其实，企业信息的真正载体不是广告，而是客户。如果当初那家航空公司的客服质量能有广告宣传的一半好，我也不至于那么恼火。

法则 3

自上而下地灌输客服理念

这是一条简单而且浅显易懂的自然法则：服务精神需要由最高管理层开始，自上而下地渗透到企业的各个层面。这种渗透像瀑布一样迅猛有力，而不是像涓涓细流。

无论是当地的咖啡馆还是全球连锁的快餐店，小规模的金融服务公司还是跨国银行，乡村诊所还是市立大医院，但凡客服质量能让人心悦诚服的，十有八九是因为高层管理者把客户服务纳入了企业的发展战略。除非高层管理者全心全意地致力于开发和维护一流的客服，否则，想让客户心悦诚服是很难做到的。高层管理者必须有效地布置工作任务，合理地分配资源，适当地确定工作重点、工作基调。除此之外，在与客户、供货商、同事、雇员以及事关企业发展的第三方打交道时要不忘以身作则，一言一行都要彰显企业打造优质客服的态度。

以我个人的经验来看，客服质量低劣的企业，往往会招致客户怨声载道。我认为，这些企业的领导者在企业运营中肯定没有几个秉承"以人为本"的理念。他们关注的是产品、销售、营销等。诚然，这些因素当然很重要。但在当今社会，企业单凭这些方面，其实是很难谋求长远发展的。企业管理者必须清楚地认识到，要想长期获益，就得凭借始终如一的优质服务来招揽回头客和赢得客户口碑。

在我的职业生涯中，我曾效力于希尔顿酒店、万豪酒店以及迪士尼公司。这三家公司凭借体验服务取得了惊人的经营业绩。在这些企业中，客服理念都是由最高管理层自上而下地渗透到企业的方方面面的。举例来说，迪士尼世界度假区负责人贾德森·格林（Judson Green）决定改革企业文化。他在奥兰多，在7000名管

理者面前，当面向他们准确传达了自己对企业文化改革的期望。接着，又相继在美国加州，以及法国和日本的迪士尼乐园员工面前作了同样的演讲。作为贾德森改革计划设计执行工作的主要参与者，我可以告诉大家，跟贾德森一样，我和其他主管都全身心地投入了这项工作，我们的专注精神在计划执行期间感染了身边的每一个人。我们循序渐进地告诉了企业的每一位员工，拥有一流的主题乐园以及最负盛名的休闲娱乐品牌，并不代表可以高枕无忧。我们的游客也想得到最高的礼遇。而我们给游客带来的这种心理上的满足，简直成了迪士尼世界的品牌。

无论职务和头衔是什么，你或许都想象不到自己竟能在部门或团队客服理念宣传中发挥如此大的作用。诚然，客服的重力作用来自于最高管理层。但无论你在哪里，都负有重要责任。如果能从每天上午开始工作时就把客服质量放在心上，就会惊讶于自己所树立的榜样和所持的态度对周围人的影响有多大、有多快。切记，榜样是最好的老师，你的一言一行无时无刻不在影响着身边的人。

几年前，我曾读过一本书《大胆领导》（*Leading Out Loud*），收获良多。书中大概讲的是，优秀的领导者不但会让企业重点目标的落实掷地有声，还会循循善诱地引导员工实现这些目标。这其实和子女教育没什么两样。天下的父母都承认，他们不停地唠叨，不停地说教，这无非都是想帮子女树立正确的价值观，让他们行为举止得体，培养他们的社交能力。

无论是教导孩子尊己爱人，还是激励员工和同事好好地服务客户，你都得大胆地做出表率。而你跟你的团队、客户，以及企业盈亏牵系的每一个人，都会从中受益。

法则4

事不厌细，真诚服务

　　我曾将这条法则作为我一篇博文的题目。在那篇博文中我写道：有一天，你醒悟过来就会发现，生活中的一些小事（比如构建温馨、互信的人际关系）实际上也很重要。那篇博文收到的评论比我在网上发的其他文章都要多。绝大多数访客都说，感谢我提醒了他们——小事不小，切莫因小失大。

　　无论是企业还是个人，但凡能脱颖而出的，都有一个共同的特点——关注细节。跟优秀的运动员一样，他们明白打好基础才是成功的关键。连挥棒都没学会，又怎么能打出一记夺冠的本垒打呢？在商界，那些看似无足轻重的小事常容易被人忽视。而这些小事却往往是竞争中胜出的关键。销售额的增长，客户的维系，以及企业的盈亏，全都离不开这些小细节。为什么呢？因为在客户眼里"事不厌小，事不厌细，一丁点瑕疵都可能被无限放大"。

拿酒店服务行业来说，康拉德·希尔顿（Conrad Hilton）曾说过："让酒店服务业的光和热充满世界的每一个角落，一直是我们的责任。"简直不能更贴切了！希腊语中，酒店服务业一词为"philoxenia"，字面意思是"款待"。热情好客的人都喜欢带给亲朋好友（尤其那些他乡客）家的温暖。这些人大都细心周到、谦恭有礼，深谙待人接物之道。古希腊人认为，热情好客就能讨众神欢心。关于众神的说法，我不作评价。不过，我可以肯定地说，热情好客绝对会讨客户欢心。

如果想知道这一基本原则到底有多重要，可以仔细观察优秀的服务人员是如何工作的。从2008到2009年，我的妻子普丽西拉（Priscilla）在奥兰多健康中心住了64天。那段日子，我在病房不分昼夜地陪护。有一天我注意到，每位护士进出病房时都会用洗手液杀菌。

这事看起来很寻常。我们从小就都在妈妈耳提面命下洗手。在医院洗手，更是自然而然的事。事情虽小，但意义重大。不难想象，洗手会大大地减少疾病的传播概率，对于患者早日康复意义重大，有时甚至可以挽救一条性命。这事看似微不足道，但不容小觑。不仅能让患者身体健康、心情愉悦，也能为医院和保险公司节省开销。

《圣经》上说，"清洁近乎神圣"。这或许有些言过其实。不过，清洁的确应该被奉为商界的基本原则。像旅馆、餐厅这样提供饮食的地方，清洁自然必不可少。对于食品，清洁可谓是重中之重。无论保险、广告、法律咨询，还是其他什么业务，清洁都是一项重要的标准。假设，一家公司办公室打扫得一尘不染；而另一家公司的办公室和会议室却挂满了蛛网，到处是灰。你会跟哪一家长久合作呢？我曾经的老板比尔·马里奥特（Bill Marriott）说过："保持清洁，并且态度友善，就会事事顺心。"沃尔特·迪士尼也说过类似的话。两人的话都与本章的观点可谓是不谋而合。

　　清洁固然重要，但个人仪表仪容也同样很重要。
它们是基本的标准。企业必须确保，每一位员工都能保
持良好的个人仪表仪容，身上没有异味。如果有员工做
不到这点，就得找他谈话。我知道，谁都不想和这种谈
话扯上关系。不过，谈话拖延得越久，企业损失的客户
就会越多。妈妈都会毫不隐讳地提醒自己的孩子说，
"我可不想看到你不修边幅地出门"。那作为上司或同
事又有什么不好开口的呢？当然，每家企业的标准都得
与当地习俗、企业形象以及客户偏好相适宜。譬如，跟
比弗利山庄四季酒店大堂接待相比，布鲁克林区老式成
衣店销售员在形象上肯定有着很大的差异。但我想说的
是，企业的每一位员工都必须保持良好的仪表仪容，不
得有损企业的形象；而作为老板或管理者，还要负责监
督下属的仪表仪容。

　　企业要注意的另一条基本原则是，清晰地沟通。
沟通能力常被用来判断一个人是否具备专业能力、是否
准备充分、个性和才干如何。而这也是客户在有意无意
间用来评判企业的标准。企业的每一位成员都应具备良

好的口头沟通能力。这是最起码的，也是最关键的。简洁明晰是沟通交流的关键。表达清楚，也就不会产生歧义了。

沟通中，许多企业往往会忽视一个非常关键的问题——企业需要找准时机耐心地传达有效信息。在这一点上，美国西南航空公司就做得非常到位。在西南航空公司的登机区，旅客常常会在广播中听到这样的信息："您的飞机预计会晚点15分钟到达，但是我们会尽力保证让您准时出发。"西南航空公司会定时向旅客通知起飞时间、延误时间以及航班变动等信息。这不但缓解了旅客的焦虑不安，还体现了西南航空公司对旅客的关心。

还有一个例子，也很好地说明了保持良好沟通的重要性。我们当地有一家汽车经销店。每次进店维修保养时，销售员曼尼（Manny）都会替我安排得妥妥帖帖。事先他会向我详细讲解整个维修过程。汽车维修保养期间，他会定期跟我取得联系，告诉我具体的情况。如果进度比预期有所延迟，他也会尽快地通知我，好让我有足够的时间做出调整。而我也会尽力为他推荐别的客户。我还曾发过一篇博文，对这家经销店的服务质量盛赞了一番。当然，被这家店的服务感染的人，绝对不止我一个。只需以短信或电子邮件的形式提个醒，客户就能倍感温馨。

除此之外，还得细心周到。把每位客户当成一个独立的、特别的个体来对待。还要费点儿心思对客户嘘寒问暖。引导团队对待客户一视同仁。有次我进店保养时，曼尼问我的书写得怎么样了。要知道，我有三个月没有来过店里了。让我惊讶的是，他不但记得我在写书，还能如此关切地询问。或许，曼尼有着惊人的记忆力。又或许，他专门把关于客户的情况作了记录。但不管怎样，我都得承认，他对我的书如此关切，让我觉得自己受到了重视。其实，这也是客服应该努力的方向。

最后一点，要注重专业知识素养的培养，要提供一流的客户服务，就得让每一位员工都具备专业的客服知识和素养。在放手让员工直接对接客户之前，得明确以下几个问题：有没有对他们作过充分的培训？有没有

检验过他们的知识素养？很多企业发现，培训课程后添加的检验环节让员工的能力得到了大幅提升，客户的满意度也因而得以节节攀升。

我们来回顾一下这几个基本原则：

· 清洁

· 个人仪表仪容

· 良好的沟通

· 细心周到

· 专业知识素养

除此之外，还有哪些基本原则？如果还没有考虑过这个问题，那我强烈建议你抽时间好好想想。作为管理者，还应确保下属能把这些基本原则烂熟于心并且能在工作中熟练运用。

法则5

做让妈妈放心的事

终有一天，我会写一本书，就叫《像妈妈一样管理》（*Manage Like a Mother*）。在我的职业生涯中，我常常会问自己这样的问题：如果是妈妈，她会如何应对眼前的这堆事？我一生中有过不少导师，但妈妈却一直是我人生中最重要的人——她塑造了我的人生，并且曾不止一次告诉过我，要想成功，就要比常人付出更多的努力。最初，我只是从俄克拉何马州巴特尔斯维尔大学辍学的一名学生，常常感觉行囊羞涩、行止两难，最后得以跻身最高管理层，这得多亏我的妈妈——是她帮我培养了良好的品行和坚定的自信心。

如果妈妈涉足商界，她会是什么样的管理者呢？

我无从判断。但我知道，在抚养我和哥哥成人的过程中，妈妈一直都把"做对的事"奉为信条。而这也是领导者应该遵循的信条。在一步步的晋升过程中，我竭尽全力去遵守这一言简意赅的信条。还给自己追加了一条——做让妈妈放心的事。强烈建议各位读者以及企业的每一位客服人员都能援引这个理念。

此外，妈妈还教给我：既要让客户身心自在，又要让他们能体会到你的热情。回想一下，小时候妈妈是不是教过我们对家里的客人和新搬来的邻居要有礼貌呢？妈妈都希望，自己的子女既能出类拔萃，又能跟身边的人打成一片。客户服务说到底离不开团队合作。所以，在客服工作中，你得按妈妈说的跟公司所有同事都搞好团结，融入他们。跟他们分享你的"独门绝技"，帮助他们提升技能，激励和帮助他们改正错误。在大家做出成绩时，给予赞赏。员工背离职业标准时，为他们做出正确的示范。员工对工作中的哪个流程或哪个环节操作不是很清楚时，耐心地指导他们。多一点点"母爱"，就可以给企业带来无限的光芒。

　　当时不能完全体会妈妈的良苦用心。但随着成长，我们会发现妈妈的忠告其实也是商界不可多得的财富。以下都是妈妈们常常挂在嘴边的忠告。看看这些话是否都是改善客户服务的小妙招呢？

　　·开口提要求之前，一定要加上个"请"字；接受他人恩惠时，一定要说声"谢谢"。

　　·跟人打招呼，要记得眼神交流，报以友善的微笑。

　　·不小心犯错了，或者惹人不高兴了，一定要说声"对不起"。

　　·言出必行。

　　·永远也不要撒谎。

　　·绝不能邋里邋遢地出门。

　　·礼貌用语。

　　·换位思考。

　　·己所不欲，勿施于人。

　　·要么不干，要干就要干得漂亮。

　　如果每一位员工都能照此行事，客服质量必然会

得到提升，自己的人生道路也会更加顺畅。

　　每天清晨以什么样的精神面貌来迎接工作？妈妈都会希望，自己的孩子每天清晨都能充满活力和自信，高高兴兴地去上学。我们的工作在很大程度上也需要这样的精神风貌。妈妈希望，我们都能带着对成功的期望迈进办公室，面对困难挫折时不屈不挠。她们希望，我们不仅能完美地展现自己的工作能力，还能恪守道德底线，公平竞争。当然，穿着也得得体考究。普天下所有的妈妈都会希望自己的子女能出人头地。现今经济不景气，谁又能安于平庸呢？所以，必须恪尽职守，兢兢业业地干出一番成绩，好让妈妈在邻里面前直得起腰板。

　　要想最大限度地发掘员工的潜力，成为一名卓越的管理者，还得学习妈妈们身上所共有的一个品质——目光长远。没有哪一位妈妈不挂心子女的培养的。她们呕心沥血抚养子女，教给他们自尊、自信。打从子女呱呱落地，她们就开始为子女的长远考虑，给予他们无限的关爱。为了帮子女培养坚强的自信心，妈妈们会通过各种方式来表达自己对子女的信赖。作为企业的管理者，也应该对员工抱以同样的信赖，明确每一位员工的培养方向，引导他们，帮助他们建立自尊心、自信心，给予他们关爱、重视和信任。诚然，这些法则并不能保证所有妈妈都能把子女培养成为栋梁，也无法保证每一位员工都能成为精英。但至少能在一定范围内取得最佳的效果。对于这一点，那些有洞见的人是了然于胸的。

最后，还有一点建议要跟大家分享。下一次，客户对你的帮助表示感谢时，老板对你的工作赞不绝口时，或者，工作上有了让自己引以为豪的成绩时，不要忘了打电话讲给自己的妈妈（如果已经离世，可以在心里跟她对话，就好像她还在世一样）。妈妈拿起听筒后，跟她说："妈妈，今天我在工作上做出了点成绩，我想打电话谢谢您。是您抚养我长大，教会我做人做事的道理。没有您，就没有我今天取得的成绩。"亚伯拉罕·林肯（Ab Licon）曾说："我的一切成就和梦想，都归功于我天使般的妈妈。"用这句话来概括本章，再确切不过了。

法则6

打造生态系统

　　如果你有时间了解研究一下生态学知识，就会发现，生态系统是一个精妙而平衡的体系，其中的所有因素都彼此关联，并且各有各的用途。如果任由个别子系统自由发展（往往需要经过较长一段时间），其他子系统就会通过自我调节最终回到平衡状态。但如果往这个系统中添加或从中抽掉某些因素，那么系统环境中的每一个因素最终都会受到影响。

　　与生态系统一样，企业中的每个因素也都相互关联。企业的任何变动最终都会多多少少地波及其他因素。也就是说，工作中做的每一件事情都会影响到企业的客户服务质量。如果想让企业的客服质量达到一流水准，就得全身心地对待每一项决策、政策，每一个流程，每一位员工，每一次升迁，每一封邮件，每一次合作，以及每一次鼓励。那些看似与客户和销售毫无关联的细节，说不定会对提供的服务质量产生不可估量的影响，甚或决定着企业的盈亏。

演讲和研讨会中，我常跟听众说，晋升为管理者后，我一直都在努力营造一种卓越的客服生态系统。这种系统是否能搭建成功，主要取决于三点：1. 要独具慧眼，选用良才；2. 要保证，这些人才具备工作所需的专业知识，专门接受过相关培训，且拥有各种资源；3. 学会放手，让员工各司其职、各尽所能。这样，企业的系统就会像自然生态系统一样通过自我调节最终达到平衡。

在一些以优质客服著称的企业中，处于顶层的领导者会给自己的直接下属充分的自由，让其自主地完成工作。如此一来，领导者就有时间做自己手头的工作。举个例子，在迪士尼世界负责管理工作时，我手下有两名非常能干的执行人员——一位是巴德·戴尔

（Bud Dare），另一位是杰夫·瓦勒（Jeff Vahle）。这两个人共同负责资本项目处理工作。他们和公司4000人组成的、实力雄厚的维护团队携手，把整个乐园管理得井井有条。巴德是注册会计师出身，杰夫则也有工程师背景。我对这两人的专业几乎一窍不通。因此，我把工作全权委托给了他们，自己从不插手。那段时间，这两人的工作取得了骄人的成绩。不仅让我引以为荣，而且也让我们主题公园及度假村得以体面示人。对负责餐饮工作的迪特尔·汉尼格（Dieter Hannig），我也采用了相同的管理模式。尽管我在餐饮业有25年的工作经验，但相比迪特尔的深谙其道，我仍自愧不如。所以，我选择放手餐饮管理工作。在此，我要为我有幸与之共事过的一流人才叫一声好。比如，销售部的利兹·博伊斯（Liz Boice），还有管理部的唐·鲁滨孙（Don Robinson）、埃林·华莱士（Erin Wallace）、艾丽丝·诺斯沃西（Alice Norsworthy）、卡尔·霍尔兹（Karl Holz）。这种管理模式下，我手下的每一位员工都能灵活应对日常工作中的细节问题，比如，提供什么牌子的酒水、如何疏导客流等。也唯有如此，我们才能以最适当的方式来提升客户体验。

这些执行人员的工作取得了引人注目的成就。常有人问我："你手下都这么出色，那你需要做什么工作呢？"答案很简单。我是一名生态学家。所以，我的职责是，在不干预生态系统平衡的前提下，提升迪士尼世界的运营环境和企业文化，营造一个健康的环境，鼓励每一位成员发挥自己的潜力，把到访的每一位游客都当成贵宾来接待。此外，我还要确保所有工作人员都能胜任自己的工作。我要提拔人才、任用人才，为他们组织高端的培训，让他们每个人都明白自己的重要性，并为他们注入高涨的工作热情，让他们每天清晨都能以饱满的激情来迎接工作。

无论是谁，也无论在企业身处什么职位，都可以成为一名生态学家。不必拥有任何特权，甚至不需要下属的直接报告，就可以在自己的权限范围内为企业营造一种欣欣向荣的生态环境。即使企业其他部门被蹩脚的管理弄得混乱不堪，依然可以利用本书中的法

则调动身边的人打造出属于自己的"香格里拉"。不要去管别人在做什么，把注意力放在力所能及的工作上，竭力满足每一位客户的需求，打造属于自己的生态系统！

法则7

提振精气神儿

　　20世纪70年代初，我年岁尚轻、资历尚浅。在费城的万豪酒店做经理。一天早晨，万豪集团创始人J. W.马里奥特（J. W. Marriott）偕同夫人艾丽丝（Alice）光临酒店的咖啡厅。他径直走到我面前，看了看我胸牌上的名字和职位说："科克雷尔，你是这儿的酒店经理吗？"

　　我回答道："是的，先生！"

　　他望着我，拈起我耳旁垂着的一小撮头发说："为什么不去理一下发，让自己有个经理样儿？"

　　当时吓得我差点儿心脏病突发。平静之后，我马上赶到了酒店的理发店救急。那次打击让我有点猝不及

防，丢尽了颜面。从中我意识到，长发虽然时髦，却不是专业人士该留的发型。

从那时起，我变得特别注重个人仪表。有那么一段时间，我的朋友大都没有什么正当职业，各自蜗居在父母家的地下室。我暗暗下定决心要摆脱这种形象，让自己从外形上向事业有成的成功人士靠拢。我甚至仔细揣摩过公司年度报告上的相片，瞻仰过顶层管理者的仪表，期望自己有朝一日也能成为他们中的一员。我果然如愿以偿了。

或许你会理想化地认为，长相美丑，着装好坏，甚或梳不梳头，都不会影响客户对你的看法。但现实与理想之间终究有着很大的距离。我们身处的世界，很多人都会在与你接触的最初几秒就对你形成印象。客户当然也不能免俗，眨眼之间就会对你形成认识。不仅如此，对客服的仪容仪表，客户心中都有自己的标准。他们还会用这个标准来给客服打分。如果你的仪表举止都透着专业风范，客户便会猜你的服务质量也肯定过硬。如果达不到客户的考核标准，他们自然会另选别家。

  大型企业可能会对员工的仪表仪容和穿着打扮都有具体的要求。或许，你会对这些要求心存不满，表示抗议说："这不是我的风格！"企业的这些要求或许与你日常风格不同，但也仅限于上班时间。想胜任工作，想在企业中得到晋升的机会，就得遵守规定。你要把工作着装当成"戏服"，在工作中把戏演好演足。下班后，你想时尚个性美或与众不同，都悉听尊便。

  如果对企业针对个人仪表或职场仪表的规定比较模糊，可以以同行业或同职位的成功人士作为榜样。仔细观察这些人是如何着装的，以及他们都以何种形象示人。观察他们为客户服务时的言行举止。你觉得，他们是乐在其中，还是眼巴巴地想早点脱身呢？一般来说，成功人士绝不会允许自己以慵懒邋遢、蓬头垢面的形象示人，也绝不会让人看到他们点头哈腰、矮眉奸笑，也不会让人发现他们面露疲倦、心事重重。精神焕发是指穿着打扮和个人卫生，举手投足也不容忽视。务必确保你本人和下属的身体语言能时时达标。每位员工应该以"时刻准备着"的精神风貌在客服工作中洋溢出自己的

热情和活力。

　　说到客服，不得不提到热情活力。也许你看上去挺精神。但如果身心活力不够充沛，你给人的精气神儿也会大打折扣。回想一下常与你照面的人，你是喜欢那些朝气蓬勃、主动打招呼的人，还是那些浑浑噩噩、了无生趣的人？努力成为活力一族吧！让自己从早晨一睁眼就迫不及待地投入到工作中去！如果身处管理职位，就应该招募那些精神振奋、活力充沛、乐岗敬业的专业人员来公司任职。

　　那些精气神儿好的员工往往在工作中都干劲十足，能为客服工作注入活力。不管怎么说，着装得体，客户至少会在感官上觉得你服务质量不错，评分自然也会比较高。这虽然不太公平，但事实就是如此。

法则 8

始终保持专业风范

一提到"专业"这个词，通常就会想到那些专门接受过特殊岗位培训的人。这些人不仅有足够的能力去胜任工作，还能在完成工作的同时获得丰厚的报酬。以前，专业一词往往只用来指代医生、律师、神职人员、军官以及高层管理者。而今，这个词被广泛地应用于各行各业和各种职务。教育界人士、科学家、地产经纪、运动员等无一不是专业人士。但即便如此，拥有专门岗位也不等于具有专业风范。回想一下那些你见过的娇声娇气的专业运动员，还有一些行为举止像个小偷的专职律师。再想想，你见过的颇具职业风范的公交车司机、收银员和接待员。显然，专业与受没受过培训、职位

高低或薪资等级统统无关。专业指的是行为举止，尤其在客户、顾客、乘客或患者面前的一言一行。

每次在演讲中聊到这个话题，我就会援引洛杉矶餐馆一些服务生的事例。这些服务生当中，有许多人都是有待发掘的演员和音乐人。接待客人时，这些怀才不遇的艺人往往会流露出厌烦或不满的情绪，好像要让所有人都知道：对于他们来说，餐馆的工作简直是大材小用，只要时机成熟，他们会立马拍拍屁股走人，去演艺圈发展。也有一些服务生表面上很重视本职工作，但私底下却暗暗祈祷早日结束餐馆这份工作，只是他们把这种想法藏在了心底而已。他们不但不把怨气写在脸上，还在工作中任劳任怨，把每一位客户都奉为上宾。付出终会有回报。他们中的很多人都用出色的服务打动了导演或唱片公司老板，最终踏上了星途。

无论权责大小，真正的专业人士总是会精力充沛地投入工作，奋勇向前，追求卓越。因为他们明白，在品质服务稀缺的行业里干出一番成绩，就能轻而易举地吸引众多"伯乐"的注意。这一点早在我工作之初就意识到了。正是因为这一点，我这个大学辍学生才能从俄克拉何马州农场走出来取得今天这样的成绩。在部队削土豆皮时，我总是把土豆皮削得干干净净，把菜做得津津有味。之后的职业生涯中，我也一直秉持了这样的态度，也因此获得了丰厚的回报。成功人士都会明白，追求卓越是一种精神，它是可以"跨界转移"的。也就是说，如果在某个领域里能精益求精，那么肯定也能在其他领域里干得同样出色。

或许你已经如愿以偿地找到了理想的工作。又或者你只是暂时找了份工作，一边补贴家用，一边等待着幸运女神的眷顾。但无论如何，从此时此刻开始吧！努力在工作中做出令人瞩目的成绩吧！

专业人士往往都很重视自己的工作，同时也很重视自己在客户中的影响力。他们都有着一股积极向上、永不服输的精神，会全身心地投入工作。精益求精，追求卓越。想客户所想，急客户所急。

专业人士能力卓越，懂得鼓舞人心。他们乐于解决问题，对工作充满了热情和自豪。面对挑战，他们会

全力以赴。工作中也能一丝不苟。有着处变不惊的应变能力，适应能力很强。当事与愿违时，能调整自己泰然处之。责任心强，在工作中能做到未雨绸缪，乐于助人，办事有效率，值得信赖。能力超凡，脸上始终都洋溢着自信的微笑。无论处于什么样的环境或压力之下，他们都能坚持完成工作。面对挫折，会像著名发明家爱迪生一样不屈不挠，"我没有失败，我只是发现了一万种行不通的方法。"

无论面临的是新挑战还是老问题，无论是关起门来工作还是在首席执行官的眼皮子底下，专业人士都会全力以赴。想想那些拔尖的运动员，哪一座冠军杯不是用汗水浇铸的呢？即使日常训练，他们也会拿出冠军争夺赛的态度来应对。

专业人士不只会按时上班，还会在工作时间始终保持良好的工作状态。无论是让他们早一分钟上班，还是晚一分钟下班，或牺牲自己的假期，都会欣然接受。他们能够控制住场面，也敢于承担责任。能积极豁达地与同事交流。不沉迷于流言八卦。如果事与愿违，也不会满腹牢骚。即便职场环境一片混乱，他们也不会自暴自弃。

专业人士明白自己的方向，会为自己打气，有着很强的自主性。同时，也深谙与人合作之道，很有团队合作精神，也很重视与人建立合作关系。重信守诺，乐于担责任挑重担。

专业人士对工作专心专注、一丝不苟。但这并不代表他们不苟言笑、缺乏幽默感。工作中严肃严谨，生活中也能平易近人。虽然常常为自己取得的成绩感到自豪，但是绝不会因此而自命不凡。

专业人士或许都有着一个非常明显的特征——气场总是很稳。事实证明，即便不对周围的局面运筹帷幄，他们也会拿捏得很好。

刚开始踏入职场，我觉得自己根本算不上专业人士。但就像成功宝典中说的一样：有时，在目标达成之前，我们先得假装自己已经实现了目标。就这样，我摇身一变，成了一名演技高超的"演员"。我不仅模仿专业人士的仪表仪容、言谈举止，而且还专门扩大了词语

量，自学了语法，克服了自己说话不够简洁的毛病。这么做都是为了模仿专业人士的说话方式。专业人士说话都很严谨，丝毫也不会马虎。

大家可能都听说过这样一句话："不要以你从事的工作作为着装标准，而要以你梦想中的工作选择着装。"引申来说，不要拿你从事的工作来作为客服标准，而要以你的工作梦想服务客户。如果是一线工作人员，就要拿出管理者的专业风范来接待客户；如果是管理者，就要拿出首席执行官或老板的专业态度来接待客户。

你的专业风范会让客户对你刮目相看，也会让首席执行官或老板对你称赞不已。最重要的是，你自己也会因此变得更加自尊自爱。毕竟，尊重自己才是专业风范的核心所在。

法则9

培养敬业精神

　　一流的客户体验单靠高明的决策和专业的流程是无法实现的，还要靠合格的客服人员来践行。不然的话，你就好比是一位高明的足球教练，却带了一支拙劣的球队。

　　许多管理者都没有接受过面试应聘人员的相关培训，提的问题往往都无法全面地反映应聘人员真实的工作表现。所以他们只能根据自己掌握的那些少得可怜的信息，凭直觉做出招募决定。但人员招聘工作又岂能儿戏？所以说，除了人力资源部门的专业人员，其他人要参与招聘选拔工作，就应该具备一定的专业知识。唯其如此，才能为企业积蓄新生力量。提高面试遴选技

巧，不仅能为管理者的工作铺平道路，也能让员工的质量得到提升。

初入管理层时，我所掌握的面试招聘选拔技巧跟绝大多数的管理者水平相当。可以说，我对招聘选拔工作可谓是一窍不通。盖洛普咨询公司让我第一次明白了如何才能招聘到最合适的员工，以及如何洞察应聘人员所具备和欠缺的才干。之后，我读了卡罗·奎恩（Carol Quinn）和她的"动机面试法"，简直是醍醐灌顶！有些应聘人员面试环节对答如流，但入职后的表现却不尽如人意。设计的面试技巧，就是为了从面试通过的应聘人员中遴选出真正拔尖的人才。在这些技巧的指导下，我对面试做了调整。自那之后，在选用人才方面我几乎从未失过手。

我发现，面试中经常选用的一些考题往往会适得其反，导致应聘人员刻意夸大自己的能力。举个例子，"你有没有用超出客户预期的服务质量打动过客户呢？"这个考题还有很多不同的版本。面试官们认为，这个考题能够挖掘出应聘人员的一些特质。问题是，即便是最差的应聘人员，至少也有一两次这样的经历。可是，他们所讲的经历究竟是他们平时的工作表现，还是个偶然事件呢？有鉴于此，我把这种类型考题在面试中删掉了，重点考量应聘人员对挑战和挫折的应对能力。我可能会提这样的考题——"如何应对脾气暴躁的客户？"看出区别了吗？这些都是开放式的考题。答题时，有些应聘人员会回想自己某一次出色地应对挑战的经历；有些因为没有这样的经历自然就不知道怎么答；有些会提及他们是如何勉强对付过去的；有些会说和脾气暴躁的客户没有道理可讲，甚至会与客户吵起来；还有一些会一下子想起好多这样的经历。与询问应聘者突出成就的考题相比，这样的考题能够引导出一连串不同的答案，提供更多的信息。

企业招聘时都爱犯一个毛病，他们认为单凭技术水平这个指标就可以决定是否应该聘用一个人。诚然，应聘人员的技术水平是招聘中不可或缺的标准，但只看这一点是远远不够的。还要仔细评估一下另外两个指标——工作态度和工作热情。

　　大家可能都听说过这样一句话："招聘看态度，技能靠培训。"我所说的态度指的是，客服工作中员工对自己应对严峻挑战时的自信心。为了方便起见，我们把人大致分为两类：一类是坚信自己能够战胜困难、自信"我能"的人；另一类则是认为外因是决定因素、认为自己"不行"的人。在困难面前，第二类人往往会认为，自己无法决定事情的结果，完全没有努力的必要。他们畏畏缩缩，惯于回避。常常会错失一次次大显身手的机会。而第一类人则恰恰相反。他们相信，凭借自己坚定不移的毅力，最终一定会取得成功。于是，他们使尽浑身解数，努力地想要解决问题。福特汽车公司创始人亨利·福特（Henny Ford）先生曾说过："无论你认为自己行还是不行，你都是对的！"因此，企业要物色那些积极向上的人来直接与客户打交道。

　　如果缺少热情，即便是那些资历颇深的"我能"派，也无法提供一流的客服。客户都是火眼金睛，绝不会放过那些对待客户缺乏热情的企业。他们愿意与积极向上、干劲十足的企业打交道。如果企业员工总是一副疲于工作的样子，客户肯定会避而远之。对工作的热情，可以形成一股强大的动力。招聘时，企业需要物色那些敬岗乐业的人，而不是费尽心力去激发员工的工作热情。这样岂不是更好？选拔招募员工时，面试官需要关注那些从进门做自我介绍开始就热情洋溢的应聘人员。

至于如何让客户对服务满意，最管用的招数莫过于招聘那些具备以下三种特质的客服人员——技术过硬、"为工作在所不辞"、工作热情饱满。这三种特质综合起来就是一种敬业精神。而这也是一流客服应该具备的基本特质。世界上所有的企业和职业都离不开这种敬业精神。敬业的医生会赢得更多的患者满意度。敬业的教师会桃李满天下。无论你是在学校工作，还是在医院、连锁商店、航空公司、杂货店或加工厂工作，要提供优质的客服，就得招聘技术过硬、热情洋溢的"我能"派员工，一起打造完美的客服体验。

法则10

创作完美的客户体验剧本

　　几年前，我曾勾勒过一个典型的四口之家在迪士尼世界的完美体验场景。然后，我把自己勾勒的场景写成了一篇十页内容的故事，围绕主人公罗杰斯（Rogers）一家的乐园七日游展开。我为什么要这样做呢？当时，我刚刚被调任奥兰多迪士尼世界高级副总裁，而罗杰斯一家乐园游的故事，可以说只是我创作的一个剧本。我将这个剧本作为一流客服的范本交给了员工，在他们的工作中借鉴。

　　故事的梗概是这样的：罗杰斯一家来到乐园后，服务生小心翼翼地帮他们泊好了车；接待人员恭恭敬敬地接待了一家人；行李员礼貌地接过行李；前台人员很快就帮他们安排了住处。接着，罗杰斯一家就住进了装修考究的客房。在度假区，他们每到一处都会受到员工友善热情的接待。这些员工的业务非常娴熟。无论是在餐厅用餐，还是购买冰激凌、搭乘观光车或乘坐太空过山车，他们都很尽兴。罗杰斯一家在工作人员的挥手告别中结束了这次五星级的游览体验。离开时，他们脸上都绽放着灿烂的笑容。而这也是他们人生中最难忘的一次度假体验。

通过创作这则故事，我让自己化身成了客户，亲身体验了一次优质客服。我把故事编辑成册分发给了下属的每一位员工，希望他们把书中的完美体验变成现实。还附了给员工的一封信。信中我写道："希望这则故事能够帮到大家，能够帮大家去想象和理解迪士尼世界究竟要打造怎样的顶级客服。"在我任职期间，创作故事成了我日常工作的一部分内容。无论你是接线员还是咨询服务人员，财会人员还是技术支持，餐厅招待还是餐厅主管，银行柜员还是银行经理，空乘人员还是飞机驾驶员，都可以参照我的做法创作出优质客服体验场

景的剧本。

我常常跟大家说，每天开始投入工作时，都得先调整好自己的心态，就好像自己就要登台表演一出人生大戏一样。想象一下，红色巨幕即将拉开，评论家们也都早已在前排落座。但凡一出令人拍案叫绝的戏剧，都离不开精彩绝伦的剧本。制作人、导演和演员会异口同声地告诉你，再好的表演也离不开剧本。所以说，要想打造完美的客户体验，就得先创作出完美的剧本。

无论从事哪一种工作，你都可以勾勒出客户在你们公司的完美体验场景——客户到达停车场，然后走进公司大门，走进大厅或接待室，直到离开那一刻，脸上都挂着满意的笑容，迫不及待地想要再次光顾！他们看到了什么？听到了什么？感受到了什么？把每个细节都勾勒出来。想想看，作为演员班底的一员，你和公司其他员工怎样才能为客户带去剧本设计的完美体验呢？如何分工？工作怎样做？何时做？需要说什么？怎么说？如何着装？要有怎样的态度？勾勒得越细致，剧本的效果也就越好。

接下来，就到了和班底成员——团队、部门或企业中的每一个成员分剧本的时候了。无论是百老汇歌舞剧还是好莱坞大片，想引起轰动效应，就得确保班底中的每一位演员都能准确地把握自己的角色。诚然，让一位管理着成千上万名企业员工的老板把每个细节都写入剧本，确实不大现实。我可不想创作比《战争与和平》还要长的剧本。所以，得省略一些细节，让员工有足够的想象空间来丰富剧本。这样就可以鼓励员工去创造属于自己的剧本。无疑，这不但能提高员工的创新意识，而且还能把企业工作各个层面都囊括在剧本中。

如果对戏剧不感兴趣，你也可以把剧本想象成一份食谱。大厨们可不会为了好玩儿才记录食谱。他们之所以这么做，只是为了记录如何把食材完美地搭配在一起，以便沿用这种完美的搭配。同样，得到完美客服的"食谱"，你又何尝不想把它沿用下去呢？

当然，虽说剧本（或食谱）是保持客服水准所不

可或缺的蓝图，但它并不是一成不变的。导演、演员（或大厨）都会告诉你，没有两场表演（或两顿菜肴）是一模一样的。哪怕只改动一句对白（或一种原料），整场表演（或整顿菜肴）就会因此不同。如果演员很棒，而且排练得不错，对剧本倒背如流，那么就可以并且应该给他们一些即兴表演的空间（详见法则35"灵活变通"）。这一点非常重要，因为跟演员互动的群众演员是客户，而客户的行为举止都是揣摩不定的。所以，企业员工就需要比舞台上的演员更懂得随机应变。除此之外，我们身处的环境都是瞬息万变的，建议大家适时地调整写好的剧本。所以，在迪士尼世界引进了新科技、新设施后，我们特地对罗杰斯一家的故事剧本做了修改。

内容充实的剧本也可以在招聘培训时作为参考。你可以像导演一样认真地研读手中的剧本，在"试镜"时根据角色需要物色合适的人选。比如说，如果需要一名销售员，就需要寻找精力充沛、性格开朗、笑容真挚并且能够轻松应对大批客户的外向型人才。剧本中对角色外形、气质等特征的描述，比一般的职位说明还要入木三分，有助于你物色合适的人选。

最重要的一点是，千万不要对员工的表现采取听之任之的态度。务必要把剧本分享给企业中的每一个人。无论是看戏，还是听演唱会，观众都会满心期待一场无与伦比的视听盛宴。同样，客户也无不希望能有一次完美的体验。一个精彩完美的剧本可以确保您的企业长期盈利。

法则11

争做岗位专家

假设你就要接受手术，你希望哪一位医生给你主刀？是选择接受过专业培训并且经验丰富的医生，还是入职不到一年、勉强混了个医学院文凭的菜鸟呢？或许，你的客户不一定会面临这样生死攸关的抉择，但他们同样也希望能与靠谱的专家打交道。

我12岁的孙女玛戈特告诉我们，"和善待人"是一流客服的首要原则，但这并不是唯一原则。实际上态度和善的确可以招徕客户光顾。但如果企业不能通过专业的技能知识让客户信服，客户就会转而投向那些比较熟悉业务的公司。在职业生涯中，我遇到过不少的管理者，他们态度亲切，但业务能力不够专业。我为他们感到遗憾。这些人虽然一片赤诚，却能力不足，当然也就无法体会工作出色完成后获得的成就感了。

把人才招聘进去后，企业还需要把客服理念传授给这些新人，并培训他们上岗。我经常在演讲中向听众提这样一个问题："你们之中有多少家企业设有培训发展部门呢？"几乎所有的听众都会举手，但很少有人能够意识到，培训发展事实上不是一个部门，而是一项责任，不只是人力资源师或培训导师的责任，也是企业每一位员工的责任。入职之初，我从比尔·马里奥特先生那里明白了这个道理。比尔曾跟我讲过："培训、教育，并不断地巩固效果，才是追求卓越的唯一途径。"这句话在我后来的职业生涯中得到了不断的验证。我发现，肯在员工培训方面下功夫的企业，客服质量要比一般的企业高出许多。

也就是说，我们有必要对企业中的每一位员工都进行培训，让他们了解企业运营的方方面面。从企业的使命宣言到经营哲学，从企业经营的所有产品和业务到商业模式，全都不能遗漏。只有当员工对企业信息和产

品信息信手拈来，他们才能通过电话（或电脑）或面对面地跟客户进行交流。知识就是力量，知识储备丰富的员工可以把踯躅不定的客户变成买家，也可以把初次光顾的客户变成回头客。我们都知道，跟业务不熟的员工打交道是件特别令人抓狂的事情。一次出差时，我倒车一不小心撞到了电线杆。但是行程很紧，我恰好要赶一趟航班，只好在去机场的路上拨打保险公司的紧急电话询问还车后签署文件得多长时间。接线的工作人员对此一问三不知，只好把我的电话转给了服务台。过了好一会儿，服务台人员才接起电话，很客气地听我讲了事情的原委，然后就开始喋喋不休地给我罗列了一大堆选择。跟我说，"您可以这样做，还可以那样做。要不然试试这种方法？"他就这样答非所问，一直滔滔不绝地讲，就好像嘴唇多活动一下答案就能自己从他脑袋的暗格里蹦出来似的。我终于忍不住打断了他的话，把我一开始跟他讲的情况又重复了一遍。我只不过是想知道签署文件得花多长时间。他这次坦白地回答说自己不知道。于是，我跟他要了还车点的电话。一位友善的女性工作人员干脆利落地回答了我的问题："最多五分钟。理赔人员对车损评估后会给您电话。具体解决方案你们可以商量着决定。私人支票、银行支票、信用卡、现金都可以理赔。"

这才真的解了我的燃眉之急！这位工作人员明白我的需求，毫不拖延地回答了我需要的信息。如果那家保险公司的工作人员（尤其那些所谓的服务台人员）能像她这么熟悉业务，我又怎么会在本该不到60秒就能搞定的事情上浪费了15分钟的时间。如此一来，那位跟我通话的服务台人员也不必跟我白费口舌，她完全可以利用这宝贵的15分钟去帮助别的客户。顺便提一句，我觉得这种情况很普遍。专业人士服务客户时从不拖泥带水，而缺乏专业知识技能的人员往往答非所问，用不准确或不真实的一堆话来搪塞客户。也就是说，企业最好不要把不熟悉业务的人员安排到像热线接听、前台服务这样的重要岗位。

这件事反映了管理层在人员培训上的疏漏。我还想举个相反的例子，跟大家说明一下优质的员工培训最

终会为客户带来怎样愉快的体验。有一次，我的便携式无线路由器出了点问题，于是去了威瑞森通信在当地的一家分店进行维修。进店不过一分钟，就有工作人员来接待。他只简单地问了我几个问题就找出了症结，为我下载了一个新的程序。五分钟不到，我就拿着修好的机器走出了店门。

据我所知，但凡以优质服务著称的企业，员工从入职到离开都得定期接受培训。这些企业不仅会把专业技巧循序渐进地传授给员工，而且还会定期以宣传册、电子邮件、课程、研讨会及假期训练营等形式提升拓展员工的技能。此外，还会鼓励和促进管理层与员工互动，互相交流技巧和经验。总体来说，客服质量一流的企业会将自身打造成学习的大熔炉。迪士尼世界在这方面更是上了一个台阶——公司内部设有专业人员学习中心，提供各类书籍资料、视频资料以及网上课程，而且对所有员工24小时开放。

除此之外，管理者与员工的定期互动也能提升员工的技能。管理者可以从员工那里了解客户对企业的疑惑和不满，然后，向员工传授应对的方案、方法及技能，以便他们再次遇到类似问题时能很好地应对处理。

只有不断地培训，才能保证服务的质量，才能将企业的服务质量维持在一个稳定的水平之上。服务质量的稳定非常关键。如果企业成员的步调不一致，最终受害的是企业本身。我的一位友人就曾有过这样的经历。她去一家旅馆过周末。因为周一一早要打的去机场，所以周六那天她向前台的接待人员询问了到机场的用时和花费。接待人员回答说，考虑到路况，可能要花45到90分钟，费用大约是40美元。周一一早，她让另一位服务生帮她叫了辆的士。服务生跟她说，路上用时不会超过30分钟，费用是65美元。两个不同的服务人员，给出了不同的回答。而且，他们俩一个说对了时间，另一个说对了费用。我朋友比预计少花了25美元，却被"剥夺"了一个小时的睡眠。她很无奈地提前到了机场，满心的不快。我讲这个故事呢，意在提醒企业，确保每一位员工掌握的信息都能一致、准确，这是很有必要的。

如果管理者的"功力"不足以把你培养成为一名

专家，那你就只能靠自己了。如果无法具备工作所需要的技能，也千万不要把责任推卸给管理者或企业。诚然，让你接受培训是管理者和企业的职责。不过，你自己也有责任寻求各种途径来提高自己，好让自己能胜任工作。如果你的问题超出了管理者的能力范围，那你就得另求高谋了。不过，你可以把企业内外所有可用的资源都运用起来。掌握专业技能，不仅会让你的客服质量得到提升，还能让你更加自尊自信，在工作中大放异彩。成为客服专家，不仅能让客户受益，也能让你的工作和生活蒸蒸日上。当然，也能让企业的盈利节节攀升。

法则12

反复排练，做好万全准备

　　前面已经讲过，要想拥有优秀的客户服务，就必须撰写好优秀的剧本。但即便写好的剧本完美无缺，而演员们却没有做好准备，你敢让他们直接上场吗？当然，答案必然是否定的。要想让演员在表演现场表现完美，就必须事先反复地排练。唯其如此，才能找出剧本中的疏漏和不足，让剧本日臻成熟。不仅仅只有演员要这样做，运动员也得经过反复的训练，直到赛季结束为止。所谓熟能生巧，说的就是这个道理。

　　企业经营自然也离不开这个法则。回想一下工作中你上次做演讲的情景。你是毫无准备地临场发挥，还是前一晚在家里把整个演讲内容复习了一遍呢？在酒店

服务行业中，无论是餐厅服务生，还是旅店服务生，都得在上岗前接受实地培训。无论从事哪个行业，事先反复地排练都会让你受益匪浅。排练过程并不需要花多少钱，只不过需要投入一些时间。大幕拉开时，排练的成效立竿见影。

角色扮演这种方式虽然简单，但是效果却是相当的不错，而且可以轮流进行，先安排一部分员工扮演客户，让其他员工做各自平日的工作就行了，然后反之。可以指导"客户"向员工提出刁钻的问题或苛刻的要求，以此考验员工的工作能力。也可以设计一些场景，让员工使出浑身解数。管理者只需要聆听和观察员工的应对。除了现场给出点评，管理者还可以在私下给予批评建议。如果条件允许，也可以借鉴体育教练的做法——把排练过程录下来，然后在整个团队面前公映。

有的员工可能不大习惯在老板和同事面前进行角色扮演。对于这样的员工，排练就更显得尤为重要了。倘若一个人过于扭捏，或者，害怕在同事面前丢脸，他又如何应付工作中的"真枪实弹"呢？如果向导演们取经，他们会告诉你"排练是对付怯场的最好办法"。我这里还有一个缓解排练压力的小窍门：排练阶段一定要给予"全体演员"积极的反馈信息。不要只是忙着挑错。如果员工表现优秀，不要忘了送上称赞。

即便客服人员不能参加现场排练，或者，分散在很远的地方，也用不着担心。电脑模拟可以收到跟现场排练相同的效果。譬如，我们曾让迪士尼世界"动物王国"的游猎车手在稀树平原上驾驶狩猎越野车进行排练。但很快我们就发现，用真正的越野车进行排练既耗时又费力。所以，现在我们让车手们像飞机驾驶员一样通过电脑模拟排练，不但提高了安全系数、降低了成本，还方便了他们随时随地进行练习。

预先排练不仅能让员工掌握日常工作环境中完成任务的技巧，还能让他们做好迎接困难和突发状况的准备。正因如此，我再次建议，企业将所有员工召集起来，让他们一起总结在客服工作中遇到的常见问题，把这些难题列成清单。然后，大家一起献计献策，看看如何具体解决这些问题。虽然无法预知所有的问题，但是

这样做至少能把绝大多数潜在问题都挖掘出来。完成了这一步，就可以参考得出的结果来设置新的排练场景。如果能与全体员工分享最有效的解决方案，那么，企业不但能够快速直击客服问题，还能把潜在问题扼杀在萌芽之中。员工还可以通过排练明确工作程序，这样就能投入更多的精力来解决问题。即便有突发事件发生，他们也能大幅提升解决问题的速度和效果。

切记，我们要关注的并不是问题会不会发生，而是问题何时会发生。莎士比亚说的"有备无患"，也正是这个意思。事先排练、反复排练可以帮助大家在幕布拉起的那一刻做好充分准备。可以说，事前做准备要比拿实际客户练手高明多了！

法则13

提高期望值

客户往往对你抱有很高的期望。要达到客户的标准，就得给予同事同样高的期望。人们的表现往往与别人对他们的期望成正比。企业对员工的期望，往往能激励员工把自己最好的一面展现出来。有时，企业收获的甚至还会远远超出期望值。

斯蒂尔集团是一家顶级动力工具生产企业。通过提高对员工的期望值，这家企业为客户创造了更高的价值。我曾为斯蒂尔集团提供过咨询服务。其间，跟这家企业的许多员工有过交流，其中既有总部职员，也有制造工人。我发现，他们都有着一种工匠精神——精益求精、臻于至善。哪怕产品出现一丁点儿纰漏，他们也一

定会返工，绝不允许有缺陷的产品出厂。他们不但在电锯和吹叶机等产品上追求卓越，而且对员工和演讲嘉宾也要求做到尽善尽美。斯蒂尔集团曾邀请我为他们的总裁团队做过一次演讲。距离演讲还有很长一段时间，他们的营销总监肯·沃尔德伦（Ken Waldron）就邀请我到弗吉尼亚去参观了他们公司，还与一些公司人员进行了会谈。这么做，是为了让我在演讲之前能熟悉企业价值和经营策略。他们带着我参观了公司设施，又花了整整一个小时的时间向我补充介绍了公司的背景信息。之后，又发给我一封电子邮件，把我们会面时要交流的信息做了总结，甚至还专门参加了我的另一场演讲。他们做这些，都是想让我了解演讲中的哪些内容会对斯蒂尔集团帮助最大。毋庸讳言，他们对这场演讲的期望很高，也一直在尽最大努力向我传达这份期望。

这种提高期望值的管理经验，真的很值得企业借鉴。总裁们应该提高对管理层的期望值，管理层则应该提高对每一位员工的期望值。同样，员工应该提高对管理层的期望值，管理层也应该期望总裁们拿出更好的表现。最重要的是，每个人都要记得提升对自己的期望值。

我在此要提醒大家，提高期望值不会给公司产生任何经费，只需要员工投入自己的时间和精力。单单提高期望值是不够的，企业还需要开诚布公、清晰明确地把期望传达给员工。千万不要忽视这个环节。不要以为只要向员工或团队成员传达了期望就可以了。要不厌其烦地跟他们宣讲。无论是使用备忘录，还是在公告板上张贴宣传画、发邮件、上社交媒体或面对面交谈，都应该想尽办法把期望传达出去。切记，不要产生误解或歧义。一定要保持所传达的信息前后一致。如果不能把期望传达清楚，又何谈期望的实现？

企业可以把对每一位员工的期望编辑成一份文件，然后分发给各个层级的人员。文件中的一些内容刚开始对员工可能作用不大。大可不必太介意。随着员工职位的变更，这些内容终归会派上用场。更重要的是，可以让每一位员工看到企业的期望是什么。文件分发到员工手中后，要记得做好后续工作，为每一位员工答疑

解惑，以免他们对文件阳奉阴违。

切记，把员工对企业的期待也写进文件中。在负责迪士尼世界的管理运营时，我向领导团队寄送了一封长达六页的邮件。题目为"李的运营措施和重点任务：大家对我的期待以及我对大家的期待"。邮件里我这样写道："欢迎随时和我交谈。你可以根据事件的重要性和紧急性随时联系我（我把自己的所有电话号码都列了出来）。无论你是不是我的直属下属，我会全天候欢迎大家的来电。我也很期待跟全体员工和管理人员交流沟通，一起携手探讨企业运营过程中出现的或可能出现的问题，一起帮我找出需要我集中管理的领域……我也会及时向大家提供各种信息。如果没能及时从我这里拿到信息，请一定要通知我。因为要传递的信息量会比较大，我会把一些不必要的信息删减掉。如果认为我删减掉的信息太多，请大家告诉我……"

即便不是老板，仍然可以为手下的员工设定高标准、高期望。可以和团队或部门一起设定目标，然后共同寻找达到目标的最佳途径。可以经常与同事"较量",相互激励,更上一层楼。上下级之间的一些友好竞争不但不会造成伤害,反而能够鼓舞士气。无论身份或职位是什么,只要目标高远,就能成就大事。

最后再提醒一句,客户的确能够督促你对自己保持高标准、严要求。但如果真的想要迈向卓越,就得积极地提高对自己、同事以及身边每一个人的期望。

法则14

要像对待至亲一样爱护客户

从某种意义上来讲，客户就像家人一样。没有他们的拥护和信任，生意必然不会有什么好的前景。因此，要像对待父母、伴侣、子女一样去爱护客户。

企业都会有一批固定的VIP客户。这些客户不仅可以享受种种优惠，还能享受企业的特别关注。不过，在我看来，每位客户都是VIP。我所说的VIP，不是一般意义上的"非常重要的客户和人员"，而是指"非常有个性的客户和人员"。你身边的每一位亲人都拥有着迥异的个性，而与你打交道的每一位客户也都有着不同需求。如果已为人父母，应该就能理解，父母都希望在孩子的成长过程中扮演重要的角色。那么，为什么不能把这种概念延伸到客服工作中去呢？

你希望父母在享受服务时受到怎样的礼遇？希望
餐馆里接待他们的服务生态度恶劣、漏洞百出吗？希望
银行接待他们的柜员一问三不知吗？希望他们打进热线
后不得不花十分钟去听些乌糟糟的音乐或闹腾的广告
吗？希望医院为他们治疗或护理的医生或护士一脸冷漠
吗？这些都是企业的每一位成员每天都应该扪心自问的
问题。或许你觉得客户甲是个难缠的人，或许你看见客
户乙就七窍生烟，或许你根本不想为客户丙包装礼物，
只想把礼物直接砸到他身上（我们有时也会被家人气得
火冒三丈、怒不可遏，所以，被客户惹怒也在情理之
中）。但无论对客户抱有什么想法，你都必须为他们打
造完美的客户体验。这么做并不是因为你有多高尚，而
是因为这是你的工作而且也牵系着企业的利益。

一次，我和妻子普丽西拉在南加州博福特入住了
城市阁楼酒店。清早，我到酒店边上的一间小咖啡店喝
咖啡。一位笑容满面的年轻女服务生接待了我，她有

一个非常符合她性格的名字——乔伊（Joy）①。乔伊问我："早上好，我能为您做点什么？"我跟她说，我想要一块蓝莓马芬和一杯咖啡。她接着问道："需要加热吗？"

"加热什么？"我问她。

"马芬啊！"乔伊回答我："马芬加热以后更好吃哦！"

绝大多数服务生只会把客户的马芬塞进袋子里，然后扔到柜台上。更别提一大早还不到六点，而这个时间点人更容易浮躁。乡村歌手布拉德·佩斯利（Brad Paisley）有一首歌《世界》，歌词是这样的："在餐厅服务生眼里，你只不过是一笔小费罢了。"我对乔伊与众不同的表现非常好奇，便问她为什么要主动为我加热马芬。她回答说："我一直在思考一个问题。如果客户是我的妈妈，她会希望我怎么做？"

真可谓一语道破！如果能像乔伊这样思考问题，相信你的客户服务肯定会比别人好很多。之后，我每天

---

① 英文Joy，有快乐、高兴之意。

都会去那家小咖啡店吃早餐，为的就是见到人如其名的
乔伊。肯定也有别的客户跟我一样，因为乔伊才做了那
家咖啡店的回头客。

布拉德·佩斯利的那首歌里还唱道，"你不能像银
行柜员一样把客户当成账号，也不能像美容师那样
把客户看成长着毛的脑袋，而应让他们觉得'自己
就是上帝'。"

从某种意义上来说，每一条客户法则都在试图向
我们揭示，我们希望亲人挚爱得到什么样的待遇，就应
给客户怎样的待遇，唯其如此，才能打造出完美的客户
体验。因此，我要特别提及客户体验的两个特殊点：一
个是起点，另一个是终点。我的妻子和妈妈让我明白了
这两个点的重要性。她们告诉我，在进门和出门时得到
的礼遇最能打动人心。初次见面和分别时留下的印象决
定着客户对企业的长期印象。这一点理解起来并不难。
无论过程如何，一句热情的"您好"和一句真情的"再
见"，总能给客户对企业的记忆增添一抹亮色。

在美国太阳信托银行的一家支行办理业务时，我惊讶地发现，那里的员工都懂得让客户在进门和离开时受到礼遇。这家支行的行长莱拉·约翰逊（Lela Johnson）以身作则地营造着整个支行的服务氛围。每次走进去，她都会从办公室里走出来向我问好，还不忘询问我妻子的情况。只要她看到我要离开银行，就会抽出时间和我道别。这样热情的服务虽不能提高我的存款利息，却能让我对太阳信托银行的忠诚度与日俱增。

因此，无论你的工作是否涉及酒店、商店或旅馆服务，无论你是律师、金融工作者还是企业高管，我都强烈建议你在门口安排一位性格开朗、亲和力高的员工，不要让客户等太久，因为现今这个时代大家的生活和工作节奏都很快。如果从事的是零售行业，那么这样做还能让你有一个额外收获。研究表明，如果员工能够与客户对视并与其进行语言交流，那么店内失窃现象便能大幅减少。单就这一项所节省下来的经费，估计已经足够你支付入口处安排的那位员工的费用了。

请谨记，要用能够吸引客户再次光临的方式来作为服务的最后一步。无论客户是否进店购买，无论有没有跟他们签署协议或合同，都应该把他们送到门口，并诚挚感谢他们的光顾。对客户的光临表示感谢，要让他们知道你期待着他们的下次光顾。

同样，作为管理者，如果想要你的员工或下属用对待亲人的态度来对待客户，就得用对待客户的方式来对待他们。你可以把这看成客户服务的一条金科玉律："像对待客户一样对待员工。"客户不会只满足于优质的产品，他们还希望被人重视，期望得到人与人之间真诚的交流，而这也是企业的每一位员工希望得到的。如果企业能够以这样的态度来对待员工，自然地，员工也就会将这份温情传递给所服务的每一位客户。

这条法则浅显易懂，适用于企业中的每一位成员，即使对于那些没有机会直接服务客户的后台工作人员也同样如此。这些后台工作人员保证了企业的正常运营。他们把企业运营所需的原材料安排得妥妥帖帖、井井有条。为企业设备保洁，帮助企业购买原材料，保证

通信设施畅通无阻，并及时升级。从货车上装货卸货，还负责将货物妥善地摆放到货架和储藏室。无论从事哪个行业，这些幕后英雄都有着举足轻重的作用，不容小觑。你也可以把他们看成后台人员。不过，要是没有他们，演员们又如何在舞台上大放异彩？

我把员工对管理者的期望归纳成了三个词，其英文首字母拼起来就是"ARE"，即赏识（appreciation）、认可（recognition）以及鼓励（encouragement）。ARE就像是一种可循环使用的燃料，不会折损成本。无论如何利用开采，这种资源永远都不会枯竭。给每一位员工的ARE越多，他们给客户的ARE也就相应地增多。如果能慷慨地给予员工ARE，并把这种做法培养成习惯，很快就会发现，员工和客户的满意度会同时呈现上升趋势。因此，企业应该要求每位管理者都毫不吝啬地给予每一位员工ARE。如果管理者摸不着头脑，企业就该教会他们如何去做。如果一些管理者无论如何都学不会，可以调换他们的岗位，或者干脆解雇他们。不会给予ARE的管理者势必会给企业带来麻烦。

职业生涯初期，我因在工作中雷厉风行而被视为优秀的管理者。然而，我并不知道如何正确地对待我的下属，这让我在工作中举步维艰，拖了员工的后腿，让他们的客服质量大打折扣。幸运的是，我最终攻克了自己的这个缺点，并且深刻领悟了慷慨地给予每一位员工ARE的重要性。很快，这股由 ARE汇成的清泉便惠泽了客户。

如果能让员工感到自己受到了重视，那他们就会更加自尊和自信。而这些积极的心态正是企业追求卓越的原动力。如果得不到重视，员工就会懈怠工作，得过且过。会觉得自己像个弃儿，没人爱，也很难去爱别人。天性使然。因此，要想客户得到重视，就得从重视员工做起。举个例子。前不久，我偕妻子普丽西拉与美军副参谋长劳埃德·奥斯汀（Lloyd Austin）上将在五角大楼共进午餐。午餐完毕后，奥斯汀从席位走到餐厅服务生面前，感谢他细致入微的服务。然后，又到厨房对厨师的精美厨艺盛赞了一番。如果这位四星上将都能抽出时间去对这些跟他升迁毫无关系的人表示赏

识，你肯定也能做到。先想想办法，让员工感受到你对他们的重视。那么，员工也会以同样的方式去传递你的关爱。

你不是也希望妈妈能得到礼遇吗？

法则15

像蜜蜂一样"授粉"

在我的演讲和研讨会上，主持人一般都会把我作为"在迪士尼世界有十年任期的运营总裁"介绍给嘉宾。然后，他们还会介绍说，我管理着四万名员工，把迪士尼世界不计其数的酒店、主题公园、高尔夫球场、购物娱乐中心以及运动休闲中心经营得风生水起。几乎每次都会有人问我："您把这一切都管理得井井有条，有什么秘诀吗？"实话实说，对于这家大型企业，我其实并不具备方方面面都了如指掌的神力。但我有很多称职能干的左膀右臂。我一直坚信，他们对自己具体负责的事务绝不会得过且过。我的职务并没有要求我对企业的所有事情都能洞若观火。我的工作其实就像蜜蜂一样

飞来飞去，帮助总裁、管理者以及客服人员完善他们的工作表现。

工作中，迪士尼世界创始人沃尔特·迪士尼的一则故事一直激励着我。故事的梗概是这样的，游览迪士尼世界的一个小女孩问华特是否还会画米老鼠。华特回答说，他不会再画创作出来的卡通人物了。

小女孩又问："那你还写不写故事了？"

华特回答说："我也不再写故事了。"

"那你都干些什么呢？"小女孩有些疑惑不解。

华特想了想，然后解释道："我就像只蜜蜂在不同的花朵之间飞来飞去，从这儿采点花粉，再到那儿采点花粉，然后再回到蜂窝里制造花蜜。"他的意思是说，他的工作就是在迪士尼世界的各个机构之间"飞来飞去"，为众多员工的想象力"授粉"，帮助他们提升创意和效率。

对于那些希望提高团队、部门或公司的客服质量的管理者而言，华特的话不失为一句值得借鉴的箴言。如果企业想在竞争中脱颖而出，就得确保自己始终与时俱进。入行之初，我就意识到，自己的力量是有限的，但如果能调动身边每一个人的积极性，就能拥有移山之力。军事家把这种效应称作"战力倍增器"，沃尔特·迪士尼称之为"加法原则"。其实，叫什么并不重要。重要的是要明白，如果"蜂巢"里的每一个成员都能习惯通过搜集和传播好点子来提升业绩，那么客服质量就会得到极大提高！

大自然离不开为花朵辛勤授粉的蜜蜂，同样，企业也离不开为员工创意"授粉"的领导者，以及在同事之间传播创意花粉的员工。但是，人与蜜蜂有一点不同：对于蜜蜂而言，传授花粉有季节性，而对于那些想提升团队和员工的客服质量的管理者而言，"授粉"却是一项日积月累的工作。对于这些管理者而言，为员工"授粉"俨然成了他们每天的功课。随着职业生涯的展开，我越发体会到了，我的主要职责其实就是尽可能多地与员工沟通，并且竭尽所能地推动大家前进。有时，我的点子能一语惊醒梦中人，但指天射鱼的情况却也时有发生。事实证明，我与员工们的交流不仅能激发出新

的灵感、带动大家提出疑问，还能激励身边的人寻找新的途径来更好地完成工作。

在企业这个大花园中飞来飞去，不要只顾着找碴儿。如果要培养大家创新思考的好习惯，找碴儿没有什么实际意义。与其抓着企业的短处不放，还不如把注意力放在改变现状上。但要切记，不要直接给员工下命令，要通过提问题来引导他们。给客服人员独立思考的空间，鼓励他们大胆表达自己的想法。集思广益，或许能找出更英明的对策。

进迪士尼世界时，我在餐饮服务业已经积累了许多经验。但除了跟家人同游过几次主题公园以外，我对迪士尼世界所知甚少。因此，我向手下的员工问了许多入门级的问题。这些"蠢问题"却让我受益匪浅。我确实对公园的运营不太了解，因此，并没有停留在"我说这样做就这样做"的定式中。我的无知不但提升了那些专业人员的自信，还激发了他们出谋划策的勇气。

无论你有多少经验，无论你从工作中积累了多少方法，这种做法对任何管理者都适用。专业技能固然重要，但它也会掐灭创新思想的火花。如果有人问你"我们为什么要这么做？"最糟糕的回答莫过于"因为我们一直这么做。"

我承认，并不是所有人都欢迎我在他们的管辖范围内进进出出念叨着如何才能改进现状。但是我选择了锲而不舍。最终，我以自己的热情和对专业人士发自内心的尊敬消解了这股阻力。我会专门造访员工的办公场所，希望为他们的工作"授粉"。在此过程中，一般会问以下几个问题：（在此，我强烈推荐读者能根据企业和工作职责的情况把这些问题留为己用）

- 你为什么要这样做事？
- 你觉得还有没有更好的方式？
- 你有没有考虑过用这种方法来试试看？
- 客户对你的工作方式最欣赏的是什么？
- 客户对你的工作方式有没有不满意的地方？
- 你不愿意和客户说哪些话？
- 如果要对我们现在的客服方式做出两点改变，

你会考虑改变哪些方面呢？

你也可以事先针对工作中的一些特殊需要准备相应的问题，比如：

· 客流高峰期客户的平均等候时间有多长？

· 哪些货经常会缺货？

· 平常一上午你能接待几位客户？把这个数字和下午的做一下对比。

· 这些客户中，多少人是心满意足地离开的？

· 在你看来，这些客户中只会光顾一次的人占多少？能成为常客的占多少？

· 你应该怎样有效地利用业余时间？

如果不问这些问题，人们也就不会有这样的思考。除了以上列出的问题，还有很多问题都可以帮助企业找到改善现状的新途径。提的问题越多，生出的点子也就越多。这样的提问除了需要投入时间以外，并不需要其他的成本。而且，这些问题还能提高员工的自信心和积极性。

你也可以借鉴沃尔特·迪士尼的"加法原则"，

不时地把企业中的"蜜蜂"召集在一起，集思广益。可以定期安排让大家分享好点子，一周一次，或一月一次。大家提出的一些点子可能现在不大适合，抑或，还需等待时机才能具体实施。不过，仍要把所有可能会派上用场的点子都记录下来整理成档。没人知道哪个点子哪一天会大放异彩。有时候，最有效的解决方法往往看上去毫无关联。

无论身处什么职位，都同时扮演"蜜蜂"和"花朵"的角色。这两个角色缺一不可，相互影响。越能敞开心扉接受别人的花粉，就越能掌握为他人授粉的诀窍。即使不是管理者，依然可以将灵感和创意的花粉在职场中传播开来。无论职位和头衔是什么，只要想提高客服的质量，那就勤奋地飞舞起来，寻找改善现状的途径吧！只要肯行动，什么时候都不算晚。

法则16
积极挖掘真相

阿尔伯特·爱因斯坦（Albert Einstein）曾经说过："小事上不注意的人，大事上也不值得托付。"无论在哪家公司任职，无论工作的内容具体是什么，都得全身心地为客户服务。客服工作的每一个细节都容不得忽视。

倘若无法理解客户的需求和内心，又何谈给他们提供优质的服务？遗憾的是，很多企业似乎并没有把这些细节放在心上。他们花大把时间自欺欺人，沾沾自喜地以为自己已经搞懂了客户。的确，有的真相就像是一把利刃，不大容易让人接受。挖掘真相真的需要一些勇气。但如果对这些真相视而不见，不经意间就会被伤得体无完肤。而真相揭穿之时，客户也会纷纷离弃。那时就只能躲在角落里独自舔舐自己的伤口了。

不要幻想着有一天真相会大白，得积极地去挖掘真相。我之所以这样说，是因为没人愿意自找麻烦。诚然，有些客户一有不满就会心直口快地说出来。这些人的确会站出来。但也有很多客户比较谨小慎微，喜欢做老好人，又不愿意招惹是非。能当他们不存在吗？事实上，绝大多数的客户宁愿忍受较差的服务，也不愿意跟人发生冲突，更不想浪费时间争辩。如果事态不是很严重，或者，损失还没有到无法容忍的地步，他们都不愿意把事弄大。我不得不承认，我本人也是这样的人。如果有人跟我打探，十有八九我都会搪塞说"都还行"，即便事实并非如此。有时我根本没有时间和精力去详细解释他们都有哪些漏洞。另一方面，我觉得，既然都已经决定不再去那家了，又"何必多费口舌"。所以说，要想"偷听"客户的心声，得下一番功夫才行。

奥斯卡·王尔德（Oscar Wilde）曾经说过："看似

简单纯粹的真相，实则并不纯粹，也不简单。"我对这句话的理解是，绝不要图省事疏于深挖细究，因为真相总是被各种表象掩盖着。正是出于这个原因，在遇到面对人脉关系、公众事务或业务问题时，我才肯下大力气去挖出事实背后掩盖的真相。解决客服问题时，像这样"刨根问底"也不失为一种好的方法。你或职员对真相的理解有时可能并不是很到位。

客户的真切感受才是唯一的真相。演讲中我不止一次地跟大家强调："不要单凭自己的想法来揣测真相，因为主观想法至少有一半是错的。"

我曾经看到过这样一句话："的确不该'偷听'别人的谈话，但有时这却是挖出真相的唯一途径。"感慨良多。但必须得承认，职业生涯中我常常会"偷听"客户的谈话。这个习惯早在我刚开始参加工作时就有。当时，我在餐厅做服务生，发现通过"偷听"客户的闲聊可以得到很多信息（你可能都想象不到食客们在服务生面前谈论的信息有多丰富！）。通过参考这些信息，不仅可以为客户提供他们想要的服务，还能对他们不满的地方做出改进。此外，我还以此加深对客户的了解，从细节上为他们带来一些小惊喜，让他们的就餐体验更加愉悦。不久之后我发现，客户给我的小费总比别人多，还有不少客户再次光临时专门点名让我为他们提供用餐服务。这些是我永远都不会忘记的。

自从亲身体会到了探究真相的重要性，我便把"偷听"的习惯保留了下来。即使进了大公司当总裁，我还是一如既往地保持了这个传统。我会在自己管理的酒店大厅微服私访，也会在我监管的餐厅里做"间谍"，为的就是拿到第一手的信息。说实话，虽然职业生涯已经结束了，我还是改不掉"偷听"这个习惯，因为我从中获益匪浅。连普丽西拉也常常因此责备我，说我太肆无忌惮了。

当然，除了"偷听"以外，还可以通过其他途径了解真相。首要的是，直接问客户本人！我认为，跟客户对接的每一位员工都应该接受培训，学习如何通过提问获取真相。下面我将列出几个此类问题：

· 您想买的东西都买到了吗？

·我还能为您做些什么吗？

·您觉得我们在哪些方面还需要改进？

·您对我们的服务有什么不满意的地方吗？

·您认为我们需要对服务做哪些改进才能更符合您的心意？

·我们的服务有哪些亮点足以吸引您再次光顾呢？

·会不会把我们推荐给您的亲朋好友呢？为什么呢？

　　除此之外，每家企业都应该将客户的投诉记录下来。还有，不要低估传统的客户调查的威力。在信息高度发达的今天，可以借用智能手机应用程序、在线即时聊天工具等调查客户的内心想法。但要记住，要有刨根问底的精神，细心地聆听客户的弦外之音，不要只是满足于听一耳朵了事。在客户看来，"刨根问底"才是对他们真切的关怀。

　　"这世上有三样东西是藏不住的，那就是太阳、月亮及真相。"随着时间的推移，真相一定会像太阳与月亮一样浮出水面。即便客户不愿意把自己真实的体验告诉你，也一定会讲给自己的朋友，包括社交程序上的朋友，而这或许就是埋葬你事业的第一捧土。不要等着客户在社交网上把对你的不满炒得沸沸扬扬，积极点，主动把真相挖出来。真相是金子，而每位客户都是一只会下金蛋的鹅。

法则17

做个完美的聆听者

为万豪效力时，老板卡尔·克尔伯格（Karl Kilburg）在我的年度工作表现评估表中这样填道，"聆听水平有待提高"。他原话是这样说的："我讲话时，你经常不好好听。"

我立马有了抵触心理，极力为自己辩解。其实，我这样做本身就印证了卡尔说得没错。我的确听到了他在讲话，不过没有仔细听。所以，我并没有要求他做出解释或说明。平静下来之后，我想起普丽西拉也曾多次埋怨过我不好好地听她说话。当然，她的口吻和语调与卡尔有所不同。她常常会说："李，你到底有没有在听我讲话？"显然很直白。我意识到卡尔是正确的。聆听方面，我得好好地补补课。

即便客户觉得你没有认真听他们讲话，也不会像普丽西拉或卡尔那么直白地说出来。不过，下次应邀来谈生意的时候，他们就会以牙还牙，对你的话置若罔闻。因此，我建议最好确保跟客户打交道的每一位员工都能掌握和运用聆听技巧。我最终听从了卡尔的建议，报名参加了万豪人力资源管理部安排的为期三天的课程。这是我在提升领导管理技巧方面做的最明智的一个决定。不仅如此，那次课程还改善了我的家庭生活。当然，我并不是随时随地都能达到完美聆听者的标准。就在前几天，普丽西拉还催我去医生那儿检查一下听力。回家后，我把检查结果告诉了她："我的听力没问题啊！"她听完说："这么看来，问题比我想象的还要严重！"这句我可是听得清清楚楚。

不好好听别人讲话就是个坏毛病。我们中的大多数人多多少少都会有点这种坏毛病。很容易自顾自说，根本不听别人讲话。所幸的是，习惯是可以改变的。当然，得投入时间和精力。不过，一旦改掉了这个毛病，

客户满意度就能得到大幅提升。

就像我们所有人一样，客户也希望能得到别人的理解。但从情感上讲，更应该让他们觉得你期望理解他们，让他们明白你由衷地想体恤他们的所思所想、所盼所需，这才是客户更想得到的。如果对客户的理解有误，他们很可能不会追究什么。但如果对客户不理不睬，他们是绝对不会原谅的。客户会认为，你对他们的话听得有多认真，对他们就有多用心。

我家附近有一家人气很旺的汉堡店。前不久，我跟店里的一位年轻服务生发生了一点儿不愉快。事情是这样的。我想订份外卖。打了四次电话，才终于有人接听。之前在这家店订外卖时，我也曾遇到过几次这样的问题。因此，到店里取汉堡时，我把自己的遭遇跟这位年轻的服务生礼貌地复述了一遍。我心有不满自然是在情理之中。谁知道他不但不听，反而很抵触，不耐烦地跟我讲："餐厅规定我们先为店内的客户服务，有时间再去管打电话订外卖的客户。更何况那天晚上店里生意真的很忙。"他的这一番话让我很恼火。于是，我给这家店的首席执行官写了一封信。没过多久，接到了区域经理打来的一通电话。他的回答果然印证了我的怀疑。原来，公司根本没有这样的规定。为了堵我的嘴，那位店员竟然凭空捏造了这样一个借口。

显然，那位店员根本都不知道客服为何物。他对我反馈的问题置之不理。根本丝毫都没有意识到，客户的问题也就是自己的问题。跟区域经理的那一通电话后，他会不会受到什么处分，我不知道。不过，但凡他当时能够顾及我的心情，哪怕表现出一丁点儿的关心，我想我也不会去追究他，更不会专门投诉他。

说来可笑，我们往往都愿意花大把的时间和精力来提升自己的口才，却很少会去关注和培养自己的聆听能力。大学时，我曾选修过一门演讲课程。我知道，雄辩的口才是混迹职场的利器，而且，很多人都怯于在公众面前演讲。倘若能摆脱困扰着绝大多数人的这种恐惧感，我自己的优势自然就会凸显出来。老师课上安排我在班里做一次演讲。而我却在演讲的前一天因为怯场退课了。想想要在众目睽睽下演讲就自觉无力招架了。而

今，演讲却成了我的工作。我是怎样克服自己的恐惧感的呢？说起来，得多亏一位演讲导师的金玉良言，还有我自己的不断践行。

聆听技巧的重要性同样不容忽视。聆听有着一定的技巧。但真正能够运用这些技巧的人却寥寥无几。究其原因，还是我们对聆听技巧的重视不够。另外，绝大多数人都自以为早已把这门技巧彻底掌握了（或者起码表面上看起来很善于聆听）。实际上呢？在这个纷繁复杂的世界，绝大多数人的聆听都还不是很到位。无论演技多高超，到头来骗的只是自己。

以下是我对聆听技巧练习的几点建议：

·**为聆听寻找适当的场合**。我的意思是说，和客户找一处安静的场所交谈，以免受到其他干扰。

·**把精力集中在客户身上**。保持眼神交流。不要胡乱插话。也不要一边听一边干其他事。不要有任何分心或不耐烦的肢体语言。

·**不要随便接客户的话茬**。切记，你不是读心大师。

·**在条件允许的情况下，把客户的话摘录下来。**别以为凭大脑就能把客户的话全都记下来。

·**让人把话说完，然后再回答。**甚至还可以在做出回应前问问："您还有什么想说的吗？"

·**客户把话说完后，把对方的话复述或转述一遍。**比如说："以我的理解，您的意思是说，您从我们这里买到的搅拌机调到某个档就会出现故障，虽然距购机时间已经过了30天，但您还是希望我们能为您换一台新机器。对吗？"你或许无法把客户说的每个细节都记下来，尤其在客户情绪波动较大或讲的内容太多的情况下。但如果能复述一遍客户的讲话，就能清晰地抓住谈话的重点。

·**一旦弄清了客户讲话的内容，就可以问一些补充问题来加深自己的理解。**

·**自始至终都要让客户感到自己倍受重视并且得到了理解。**

·**如果有客户向你投诉，一定要道歉！**一句抱歉，或许最能向客户表达关切关怀。（详见法则36：用

诚意说抱歉）。

只做到这些还是远远不够的。要想精通聆听技巧，不仅要注意听对方讲话，还要去听他们的弦外之音，以及他们明明想说却表达不出来的内容。要做到这一点，注意力必须高度集中。有的客户虽然对产品或服务有些不满，却不知如何表达出来；有的自己也不明白自己的需求到底是什么；有的虽然知道自己需要什么，却不知该如何通过语言来具体地表达出来；还有的因为不好意思说选择了缄默不言。（比如，有些需要技术人员帮助的客户觉得，让别人知道自己一窍不通是件丢脸的事；再比如，有些人患了难言之症，不好跟别人说起。）但无论如何，细心的聆听者都能体察出客户到底是因为有顾虑还是找不到合适的语言来表达。面对这些客户，我觉得最好先提问，然后再注意聆听对方讲话。

旁敲侧击时，需要进行有效的沟通。也就是说，要谦恭有礼地跟对方交流，给予对方足够的耐心和包容。问问客户还有没有别的话要说，以便加深对他们的了解，更好地为他们服务。要让客户觉得，你是真心诚意地想听取他们的想法和意见。让他们放下顾虑畅所欲言，即便问题再小、再幼稚，也不用担心。要给客户营造一个安心的环境，让他们袒露心声。如能让客户消除顾虑、畅所欲言，那么，无论他们对产品或服务表达不满，还是为企业提出建设性的建议，还是要求得到合理的赔偿，都能够清晰地掌握他们的需求。

史蒂芬·柯维（Stephen Covey）在他的畅销书《高效能人士的七个习惯》中提到了"知己解彼"这个原则。他指出，那些得到理解的客户通常都乐意再光顾，而那些得不到理解的客户则会另觅更懂得聆听的商家。

法则18

汲取金点子

有没有发现，世界上一些最成功的企业都是靠借鉴和发扬其他公司的金点子才取得了今天这么骄人的业绩？举例来说，苹果公司率先把鼠标推介给了电脑用户使用。但鼠标却不是苹果公司发明的，而是IBM的工程师发明的。不过，史蒂夫·乔布斯（Steve Jobs）看准了这项技术的潜力。他依据苹果个人电脑的设置对鼠标进行了改进。苹果不仅颠覆了消费者的逻辑，同时还在个人电脑行业中刮起了一场改革旋风。

当然，也可以通过类似的方法来改善公司或部门的客户服务。也就是说，要像海绵一样汲取灵感，然后再根据个人情况对这些灵感加以改造，以便为己所用。

可以模仿富有创意或创新精神的流程或策略，甚或一些能令消费者身心愉悦的词语。甚至还可以借鉴一些与客服没有直接关联的东西，比如培训课程、技术升级程序，或者销售场地和办公空间的布局等。不过，高明的模仿者不会死搬硬套，他们会认真地审视周围人的金点子，筛选出最好的，然后再灵活套用。

　　或许我说的话有悖于上学时老师教的内容。但我还是要说：至少在商界，模仿并不等于欺骗。只要模仿的东西没在专利局登记注册或不受法律法规保护，那么借鉴别的企业的点子并不违法。如果模仿也算违法，世界上就不会有那么多奇妙的发明。实际上，不去模仿才是真正的欺骗，因为这无异于自欺欺人。可以这样看待这个问题：只要竞争对手拥有更先进的服务体系，或者研发了更高效的办事流程，他们最终就会把客户全部"偷走"。等你后悔没有抓住时机模仿他们的时候，已经无力回天了。所以，得密切关注竞争对手的一举一动，借力打力，克敌制胜。

　　酒店业就是一个很好的例子，因"抄袭模仿"而

得以蓬勃发展。如今，只要是大一点儿的连锁酒店都提供有快速入住退房服务、早餐酒店预订服务、平板电视、健身房、会员卡优惠以及其他新增娱乐设施。如果把酒店的名称和标志都摘除，再把一位酒店常客随机带进一家大一点儿的连锁酒店。我估计连这位旅客自己也猜不出在哪家酒店，所有这些创新都有其起源，现在已经遍地开花了。各大酒店都争先恐后地想在这些创意上再做文章。如今，每家酒店都想在借鉴采用别人的金点子上抢占先机，而受益者自然就是那些寻求舒适落脚点的旅客了。

意识到模仿的重要性后，就要开始培养自己细心观察和用心记录的习惯，力求捕捉到每一丝灵感去提升生活品质和工作质量。直到现在，每次走进酒店、餐厅、银行、机场、就诊室、商场等场所，我都会仔细审视周围，然后，思考如何把这些东西应用于我的生活，或者，演讲中如何跟听众分享。有一次，我和普丽西拉一起去越南度假。我们在一场以癌症研究为主题的慈善拍卖会上拍了一份旅行套餐。于是，我们用这份套餐入住了第六感酒店。那里的服务质量堪称一流。酒店里居然有多达16种枕头可供选择，形状大小各异，枕芯分别装有泡沫、羽毛和山核桃壳等填充物，应有尽有。这引起了我的注意。旅客还可以挑选不同的枕头熏香制品来提升睡眠质量。虽然出差住过成百上千家酒店，但枕头有这么多选择的酒店，我还是头一回遇到。如果我还在酒店服务行业的话，肯定会在返程后立刻考虑把这家酒店的这项创意纳为己用。鉴于已经退休了，我决定以此为各行各业提个醒，鼓励大家不断寻找新途径去满足客户的需求。

最后，我还要提醒大家：在借鉴别人的金点子时，不必把目光局限在直接竞争对手身上。有远见卓识的人都懂得从行业之外发掘好点子，并按自己的需求把别人的点子加以改造利用。无论从事哪个行业，只要能挖掘到令人眼前一亮的点子，就可以从中汲取养分。

以下是有关如何汲取金点子的一些方法：

· **到商场里去，尽可能地多转几家店铺。把观察到的优质客服都记录下来。**回到办公室后，查看下记

录，考虑一下哪些做法比较适合你们公司。

·**给员工或同事布置一项任务——把日常生活中碰到过的优质客服场景跟大家分享。**选出五种最佳客服体验在公司推行，并给分享金点子的员工予以奖励。

·**想想看，你们公司哪些方面做得有所欠缺？哪些公司在这些方面成绩突出？**专门对这些企业进行研究。到这些企业去取经。和他们的员工及客户聊一聊。查查这些企业在网上的评论如何。

·**阅读商业杂志，参加会议，在网上搜索资料。**使自己的行业消息更加灵通。亲身体验固然有着无可替代的作用。但如果能在知识积累方面尽心尽力，那收获的价值也是不可小觑的。

·**经营业务人脉。**如果能把同事作为人脉利用起来的话，那么公司无异于一所师资力量一流的终身学习机构。可以从同事那里获取灵感，也别忘了慷慨地和他们分享自己的金点子。

·**阅读，阅读，再阅读。**书本、杂志、网络文章、日报，这些统统要读。在每一篇故事、每一则广告中寻求灵光一闪的契机。

·与各行各业的精英多多相处。让他们跟你分享自己的独门秘籍。"三人行，必有我师。"他们的每一句话都很精辟。

模仿不仅是一种最由衷的赞赏，还是一条提升自我的捷径。如果能够发挥创意，让借鉴的点子发挥出最大的潜力，那么，模仿的优势就更加明显了。记住，并不一定要争最强、夺第一，只需做最好的就行。要想成为最好的，就应该随时随地眼观六路，耳听八方，敞开思维。灵感不需要任何成本。抓住一切机会去捕捉灵感吧！碰到金点子，好好思考如何用更低的成本来更快更好地将其付诸实践。

如仍对模仿的智慧将信将疑，可以在下次去购买自己最喜欢的咖啡饮品时多加注意。很多年前，霍华德·舒尔茨（Howard Schultz）在意大利参加过一次贸易展览，发现米兰和维罗那的街道上散布着一些小咖啡馆。咖啡师把咖啡豆研磨好，做出浓缩咖啡，把牛奶搅出泡沫，然后端上一杯杯热气腾腾的咖啡饮品。这情景

他之前从未见到过。舒尔茨的心灵受到了很大的震撼。接下来，他把自己的所见所闻与想法相结合，星巴克就这样应运而生，被商界传为佳话。2011年，舒尔茨荣膺《财富》杂志"年度商业人物"。在我看来，舒尔茨不啻为商业历史上最伟大的模仿者之一。

法则19

挖掘并填补客户需求

美国最受推崇的投资家沃伦·巴菲特（Warren Buffett）曾经说过，他一直遵循着一条简单的投资原则："在别人贪婪的时候我们恐惧，在别人恐惧的时候我们贪婪。"其实，这就是前文中的"模仿原则"衍生出的另一种视角：关注别人不做的事情，做到与众不同，才有机会成功。拿钓鱼来说，有时在别人都不看好的地方，反而会有令人惊喜的收获，说的其实也是这个道理。

但仅仅为了与众不同而选择逆流而上是行不通的。这样做到头来只能两手空空。成功的企业之所以能够鹤立鸡群，全靠以正确的方式寻找"不同"——挖掘

和填补客户未得到满足的潜在需求。快餐连锁公司福来鸡就是一个很好的范例。在创建这家公司之初，S.特鲁特·凯西（S. Truett Cathy）就发现，虽然每一家快餐连锁店都供应汉堡，但提供鸡肉食品的却寥寥无几。正因如此，福来鸡才成为一家只专注于销售鸡肉制品的连锁店。这样的商业提案是如何获取成功的呢？让我们用以下视角来看待这种理念：如果客户想吃汉堡包，他们可以到任何一家快餐连锁店去购买，这样一来，这些店家就变成了竞争对手。但如果客户想吃的是鸡肉，那他们可以选择的范围就缩小了许多，如果附近恰巧有一家福来鸡，那么客户的选择十有八九就是它了。

西南航空公司也因独辟蹊径而受益匪浅。例如，这家公司允许乘客改签机票，不收取额外费用。这项服务为经常需要更换登机日期或时间的空中常客提供了极大的便利，不过，能够提供这种服务的航空公司却少之又少。如果需要取消航班，西南航空公司可以在12个月内全额保留所付款额。另外，这家公司还不对乘客托运行李（不超过两件）收取额外费用，这也是绝大多数公司所没有的优惠。然而，不只有大企业或全国连锁店才能在客服方面走别人没有走过的路。以旧金山湾区的莫莉·斯通超市为例，这家超市在当地有九家分店，其中两家位于陡峭的山地，停车极其不便。于是，这两家分店便推出了一项"莫莉班车"服务，负责在超市和社区之间接送客户及其包裹。这些班车按需求定时派发，只要客户购买的商品超过30美元，就可以免费搭乘。可想而知，这项客户服务在当地（尤其是那些身体不便的）居民之间受到了怎样热烈的欢迎。这也让莫莉·斯通超市在业界的激烈竞争中占尽了优势。

出门逛街时，只要心头浮现"这样做会不会更好？"或"要是他们能提供这样的服务或产品就好了"的念头，请一定要记录下来。说不定，这些点子能够衍化成富有创意的客服项目呢！另外，在竞争对手那里"打探情报"时，你不仅可以思考值得模仿的做法，还可以想一想能对他们的做法做出哪些改进，甚至可以考虑反其道而行之！如果对手要像塔吉特或沃尔玛那样把全世界所有的商品都纳入售卖范围，那你能不能专卖一

种产品呢？如果对手以店面广布为优势，那你能不能把分店合并为一家总店，以极其便捷的送货服务来出奇制胜呢？如果对手处理问题要花三天时间，你能不能当天就把它搞定呢？如果对手的营业时间是朝九晚五，那你能不能来个朝八晚六呢？如果对手的送货服务需要收费，你能不能免费提供或只收取一美元运费呢？如果对手的语音提示会在24小时之内答复客户，你能不能安排客服亲自直接接听客户来电并及时处理问题呢？如果对手不出售捆绑产品，你能不能把同类产品捆绑起来销售呢？总之，要挖掘和填补客户在竞争对手那儿得不到满足的需求。

在这个竞争激烈、瞬息万变的世界，只要能满足客户的独特需求，就一定能够独占鳌头。如果还需要更走心的激励，不妨让自己铭记苹果公司那句有名的广告语——"非同凡'想'"。正是这个广告语让苹果公司从死地涅槃重生，成了全球最赚钱的企业！

法则20

发掘语言的魅力

妈妈以前常对我们兄弟俩说："不要乱说话！"显然，妈妈的意思是叫我们不要说脏话。不过，进入职业生涯后我发现，妈妈话中其实有着更深的含义。脏话并不仅仅局限于骂人的话语。某些情况下，滔滔不绝也会让人生厌。

美国著名的领导力专家弗朗西斯·赫塞尔本（Frances Hesselbein）曾提过这样的问题："你听别人说过'我想当谁谁谁的部下，简直想疯了'这样的话吗？"她的意思是说，"部下"这个词有低人一等之意，没有人会把低人一等作为自己的梦想。所以，提及直接下属时，为什么不能换一个更鼓舞人心的称谓呢？

所幸，很多高管都已经意识到了这个问题，改用"商业伙伴"来称呼他们的员工，这种词语让员工觉得自己受到了足够的尊重。另外，我还特别受不了"我的员工在客服上取得了可喜可贺的成果"中"我的员工"这个说法。如果不是国王，也不是王后，那我劝你还是尽量不要用这种说法。虽然你有权在下属的工资条签字，有解雇下属的大权，但下属并不是你的附属品。用这种贬低他人身份的称谓来称呼他们，员工肯定会心生不满，不知不觉中就会把心里积的怨气撒到客户身上。

能说明语言在商界的重要性的例子还有很多。以上两个例子只不过是冰山一角。语言既能使人泄气，也能为人鼓劲儿。既有破坏性，也有安抚性。既能引发战争，也能带来和平。《我有一个梦想》一文虽不长，却为我们勾画了一片天地。语言文字既能在我们的大脑中描绘出盛景，也能造成颓势。记忆中最为深刻的话语，往往都是那些最能撼动心灵的。

欠妥的语言就像病毒，会在不知不觉中侵蚀企业文化。如果贬损的、诋毁的或丧气的用语在企业流行，那么，不仅员工的热情会冷却，客服质量也会一并触底。如此一来，客户便会一个个地弃你而去。记得20世纪80年代，我在百慕大乘坐美国东方航空公司的一次航班时，听到一位空姐对另一位空姐说："野兽们来啦！"她所谓的"野兽"，指的就是乘客。1991年，东方航空公司便倒闭了。很显然，"野兽们"纷纷选择了别的航空公司。对此，我一点儿也不觉得意外。对待客户时所使用的语言，往往蕴含着重大的意义。正因为如此，很多企业才纷纷把客户尊称为"贵宾"。如果把那些使用产品和服务的人称为贵宾，那么，你的员工（或者说商业伙伴）也一定会给客户贵宾的礼遇。

无论是在与客户交谈，还是在谈论客户，言语中都应该表达出尊敬和关爱之情。把每位客户都当作是世界上最重要的人。要注意，日常生活中用的一些措辞，在客户面前还是尽量不要用。譬如，"伙计，想吃点什么？"这句话完全可以用在子女身上。在"超级碗"比赛时用来询问朋友，也无可厚非。但如果服务生在一家高级餐厅对客人说出这样的话，就有些欠妥了。"伙

计"这个词太过随便，甚至还会让有些客人觉得这是在搞歧视。

我的妻子特别讨厌别人说"有个叫普丽西拉·科克雷尔（Priscilla Cockerell）的来找过你"。"有个"这个词让她觉得不舒服，觉得就像在说"洗碗池里有一只蜘蛛"，或者，"阁楼顶上有一只老鼠"。而"普丽西拉·科克雷尔来找过您了"，这句话听上去就让人舒服。

那些激情四射而又信心满满的措辞，在客服中能带来意想不到的效果。"绝对的""一定的""没问题""当然了"——这些措辞都很好用，远比"可能吧"要大气。

此外，我还有一些建议：

·"我该怎样帮到您呢？"要比"要我为您做点儿什么？"好用。

·"让我带您去看看商品"要比"在那儿"有用多了。

·"这是我的荣幸"要比"没关系"或"不客

气"听上去更真诚。

　　· 不要说"这不归我管"这种话，而要说"我帮
您找位更专业的人士帮助您"。

　　能够提升客户信赖度的语言一定是积极的、文雅
的、充满恭敬的。语言是具有魔力的。以至诚之心去发
掘语言的魅力吧！

法则21

随时随地服务用户需求

　　我跟普丽西拉决定为家里的地板铺地砖。我们俩花了很多时间，却始终没找到图案称心的地砖。在一家地砖店看货时，意外地享受到了两次完美的客户体验。女店主细心地聆听了我们的需求，很快就帮我们找到了几乎完全符合我们要求的地砖。不过，在购买之前，我们还想听听装修承包商怀亚特·安德森（Wyatt Anderson）的意见。于是，在商店里打通了他的电话。怀亚特立刻答道："你们在那儿等一下，我马上就来。"不到半个小时，他便驱车赶来。他看过我们选的那款地砖，表示很赞同："我觉得这款地砖很符合你们家的装修风格。"

要想客户满意度飙升，企业就得效仿怀亚特的做法——愿意为客户立刻腾出时间，不遗余力地满足客户的需求。现在，我和普丽西拉在奥兰多每每遇到想找装修承包商的朋友，都会毫不犹豫地为其推荐怀亚特。

不用说，尽最大努力为客户腾出时间，可谓是天经地义。不过，现实中有很多员工和企业却把这一点抛诸脑后。实在令人咋舌。你有没有觉得有时得雇位侦探才能帮你解决在商店、银行或车辆管理局遇到的麻烦？你有没有在餐厅使尽了浑身解数就差大喊大嚷才能要来一杯水或一份菜单？这种情况本来不应发生。要是把客户奉为上帝，就绝不会允许发生这样的情况。员工应该明白，尽力为客户腾出时间，是他们义不容辞的责任。

有句话可以恰到好处地用来总结上文的服务理念："只要店里有客户光临，就不要让员工在储物间闲逛。"这句良言对所有的企业和机构都很适用，包括网络公司。因为即便企业平台主要在网上，仍需安排专人守在电话旁，以便接听用户打来的咨询电话。此外，还需要技术人员来应对和解决网络故障。

这个道理不是仅仅说给前台服务人员听的。无论工作和头衔是什么,都没有资格搞特殊。权力越大,越应该为客户腾出时间,帮助客户。如果哪位员工闯了祸,跟客户起了争执,或者,没有资格或能力去满足客户的特殊需求,由能胜任的人员担起责任。在客户听来,"让我帮您找一下经理"这样的回话或许能起到定心丸的功效。但如果让客户一味地傻等经理,那么原本就存在的矛盾便会急剧激化。如果最后等来一句"不好意思,我们经理现在腾不出时间",那么积压的怨气很可能就会爆发出来。面对一位心浮气躁、急需安抚的客户,应该马上腾手来给予关照,这恐怕是当务之急。

现在,差不多每个人手边儿都有手机等通信工具。说没办法联系到某个人,言外之意就是不想帮你联系。有一次,普丽西拉给我打电话,但我没有接听。事后她问我:"难道对你来说还有比我更重要的人吗?"当然,对我而言,没有人比她更重要了。所以,我建议不要对爱人的来电不理不睬。在商业领域,客户就是这世上最重要的人。要尽量像对待自己爱人一样为客户腾出时间。意识到这一点后，我无论在哪儿上班都会跟员工说，只要是我妻子和客户打来的电话，哪怕会打扰到我的工作也得告诉我。不屑于接听客户来电的客服，在其他方面的工作表现也不会好到哪儿去。

　　不管在企业担任什么职务，都要为客户腾出时间。这就意味着，只要情况需要，都应该立刻为客户解决燃眉之急。在那些以优质客服著称的企业，管理人员随时随地都在准备着为客户服务。迪士尼世界要求，一线管理人员用80%的时间在园内巡逻待命。而这也是游客返游率爆棚的原因之一。在西南航空公司和捷蓝航空公司，管理人员甚至要亲自上阵,帮忙打扫机上卫生！尽管这些工作并没有列入职位描述，但这并不代表没必要做这些工作。这些工作会营造出一种更加和谐向上的氛围。如果处于企业高层，这种跟大家同心协力的工作态度必定会在企业每一位员工心中奏出美好的乐章。看过《创造奇迹》的读者应该记得，书中有一条对领导者的建议——注重自己的言行举止。身为领导者，一言一行都在员工的监督之下。如果员工看到领导者融入员工

和客户，跟他们打成一片，这种榜样的力量很快就会感染他们，从而刮起一股以客服为重的旋风。

身为大型企业高管，亲力亲为地打扫机上卫生，事必躬亲地接听客户的每一通来电，可能有些不太实际。不过，即便客户无法24小时随时取得联系，仍有责任安排专人必要时为客户答疑解惑。或许，客户无法直接表达不满或提出建议。应该给他们提供能与企业轻松联系的通道。对他们的意见和看法给予充分的重视。只在企业网站上附个电子表格，对于用户来说远远起不到作用。应该把企业的联系电话放在网上，派专人负责接听电话。

有一次，我从美国公共广播听到了一则广告。广告的开头是这样的："本播客节目由联盟银行赞助播出。我们致力于为客户服务。随时拨打（银行电话），拨'零'接通人工服务。"一家大规模的银行，竟愿意用宝贵的广告时间向客户保证人工接听客服电话，而没有在广告中加入"利率很有诱惑力"或者"按揭贷款专家随时提供帮助"这种话。这样的理念值得我们借鉴。

没有人愿意与冷冰冰的机器交谈。应该安排专人跟客户进行沟通。多年来，我的缴税业务一直在俄克拉何马城史密斯卡尼事务所办理。每次给他们打电话，接线员都能立马接听，并帮我把电话转接给我的会计师乔·赫尔尼克（Joe Hornick）。前不久，我告诉乔，能接通人工客服电话，我感到非常欣慰。他跟我说，他们公司曾经考虑过安装自动接听系统，但最后还是打消了这个念头。因为他们意识到，缴税业务人人都能做；如果企业想留住客户，就得从提升客服质量开始抓起。我在美林资产管理集团的股票经纪人拉里·里德（Larry Reed）、马拉·莱维特（Mara Levitt）以及布赖恩·科特穆（Brian Coatoam）也都是这样做的。只要他们能坚持亲自接听电话，我就会跟他们继续合作下去，还会继续为他们介绍更多的客户。

另外，我建议在官网上提供企业的联系地址和业务员的姓名。这样客户就可以与相关人员通信联系了。现在仍然有一些人比较喜欢使用纸质信件。而且，现在在网站上提供通信地址的企业少之又少。所以，这么做

绝对会令企业脱颖而出。在迪士尼就任期间，我每月接到和阅读的信件都有700多封。而我们也取得了客户的拥护和良好的业绩。

随着移动电话及其他各类通信设施的兴起，现在可供选择的沟通渠道可谓数不胜数。依据自身情况挑选最合适的沟通渠道，并确保团队中的每个人都能统一使用渠道与客户沟通。如果需要与我联系，请登录www.LeeCockerell.com。网站上提供了我的通信地址、电子邮箱和手机号码。如果需要拨打我的手机，我一定会亲自接听。

法则22

乐于奉献

我在引言中曾提及，我12岁的孙女玛戈特说过，客服的首要原则是"和善待人"。事后我跟大家说，我把她的话引用到了我的书里。玛戈特十岁大的弟弟特里斯坦（Tristan）嚷嚷着，也要让我把他写进书里。我跟他说："那你也说说，客户服务意味着什么？"

他脱口而出："在服务客户时，要乐于奉献，永远做付出的一方。"

为什么孩子们能如此轻松就道破成年人始终不得其解的问题呢？特里斯坦认为，乐于奉献的确值得推崇，因为他本人就深有感触，乐于助人的人，能够在帮助他人的过程中获得很大的满足感。所以，有时候，你

请他帮你做点什么，他会很高兴、很爽快地答应。有时，甚至不等你提出来，他就会主动来帮你。特里斯坦的一位老师曾跟我儿媳瓦莱丽（Valerie）说，有一次，特里斯坦看到老师抱了一堆教具要往车上放，就跑去问她需不需要帮忙。在这个"人人以自我为中心"的世界，如果遇到的客服人员都能像特里斯坦那样热心，该有多好！

一般问管理人员或首席执行官客服有什么含义，他们多半会大说特说企业所提供的服务设施。比如，"我们每天24小时营业""我们免费提供送货上门服务""如果客户有要求，我们可以提供皮革座椅"。这些其实都只是针对了一些服务项目，并没有揭开服务的真谛。奉献出自己的时间、精力以及关怀，却不求等值回报，这才是服务。在我看来，商界的服务项目多如恒河沙数，但我们真正需要的是"奉献在岗，真诚服务"。

几年前，普丽西拉病重，险些丧命。那段时间，我真正地认识到了什么才是真心诚意、助人为乐。多亏了奥兰多健康中心的医护人员——特别是手术医师保罗·威廉森博士（Paul Williamson），普丽西拉才得以康复。威廉森博士被誉为奥兰多最高明的结肠手术医师，能获此殊荣，不仅仅是因为他医术精湛，更是因为他的无私奉献。有些他医治过的患者甚至为孩子取了他的名字，为的是感谢他能无私奉献治病救人。第一次遇到他时，威廉森对普丽西拉说的一席话让我永生难忘。普丽西拉当时忧心如焚，因为上次手术不但没有缓解症状，反而让病情加重了。威廉森博士看着她的双眼，跟她说："普丽西拉，你一定会没事的，你是我最想治疗的患者。"

有时，作为施与者，给予服务对象（受与者）信心和安抚就足够了。而这也正是威廉森博士所做的。离开医院时，我们心中为找到可以信赖的人充满感激。无论是否攸关生死，每位客户都希望能得到这样一份安慰。

普丽西拉在这家医院住了64天，之后又在家休养了数月。在她最终康复后，我虽然欣喜若狂，却也难掩

心力交瘁之感。在此之前，我人生的64年中从没有一天是在抑郁中度过。但当时，这种抑郁却如千斤重担般落在了我的身上。幸而，我遇到了另一位施与者——心理学博士罗德里克·亨德利（Roderick Hundley）。他不但技术精湛，而且富有同情心，用了不到一个小时就诊断出了我的病症，给我开了药，制订了治疗方案。还把他家里的电话、手机号码以及电子邮箱统统告诉我，让我随时联系他。不仅如此，还给了我希望和关怀，为我急需安抚的心灵带来了慰藉。他跟我说："一切都会好起来的！"

企业员工要怎样才能为客户提供上述优质服务？不要忘了，如果希望每一位员工都能在客户面前充当施与者，就得先在员工面前充当施与者。

我知道，像特里斯坦建议的那样毫无私心地奉献自己，绝非易事。在普丽西拉康复治疗的那段时间，我担起了全职护工的责任。即便在康复期，她大部分时间也得有人辅助才能下床。她无法自理。洗澡、梳头，连上厕所，都得有人帮助。离家的时间一般都不会超过15

分钟，因为我知道她非常需要帮助，而且，我也希望自己在她需要时伴她左右。我必须承认：这做起来的确很难。想时时刻刻都扮演好施与者的角色，的确是个考验。普丽西拉算不上很顺从，而我的护理也绝非完美无缺。说实话，能照顾她的病情，我很满足。这是我这一生做过的最满足的事情。我终于感悟到了那句至理名言中的真谛：施与比索取快乐。先人后己，的确值得推崇。有了这番遭遇，我和普丽西拉的感情更牢固了。我们也意识到，我们之间的感情比想象中的还要深厚。这不得不说是个意外的收获。

不要只听我的一家之言，也不要偏信哲学家和圣人们的观点。实际上，"乐于奉献"这一法则的确有着翔实的依据。一些研究表明，从事服务工作的施与者要比普通人更健康、更快乐、更长寿。还有研究表明，施与有助于改善情绪、提升生活满意度、降低压力和增强免疫能力。有份重大研究项目报告指出，参加志愿活动的人比普通人更长寿，而且不容易受到抑郁症和心脏病的困扰。

　　我知道各位读者心里会问，照料病中的配偶，在医院或在收容所当志愿者，这些事情跟做生意有关吗？工作中，只用把分内事情做好，然后等着拿工资就行了。这的确无可厚非。但是，也可以选择另外一种工作方式——先人后己，为客户奉献自己的时间、精力和关爱。

　　我知道，客户服务有时的确很考验人。有的客户一进店门就满腹牢骚；有的很霸道，一点情理也不讲；有的甚至会恶语伤人。其实，可以把这些都当成为客户奉献和做出牺牲的机会。即便只能给个微笑让他们情绪好转，给句让他们感到满足的赞赏，或一丝能安抚他们的慰藉，最终也能带来不可估量的回报。如果这些难搞的客户离店时对服务产生了好感，就很可能会选择再次光顾。不仅如此，作为客服，对自身和企业的看法也会大为改观。懂得了奉献，学会了如何尽心尽力地为客户提供优质的服务，这才是最好的回报。而且，企业的业绩也会因此节节攀升。

　　我曾和医院、学校、政府等机构的很多个人和团体有过交流。这些人的职位描述中都有"无私奉献"
这条内容。2001年，我曾远赴伊拉克为美国军方和国
务院的人士进行了13场有关领导力的讲座。2002年，
又去了美国海军海豹突击队在加州的军事基地做了次
演讲。我可以毫不犹豫地告诉大家：千千万万的官
兵、护士、教师、非营利性组织成员，以及各种机构
的志愿者，全都在无私地奉献自己。而你，也同样可
以在企业中担当施与者的角色。我敢跟你保证，奉献
的感觉棒极了！

法则23
预见客户需求

据称，亨利·福特曾说过："如果问消费者他们想要什么，他们肯定会说想要一匹跑得更快的马。"也就是说，商品还没有开发出来之前，有时连客户自己也不知道自己的需求到底是什么。而亨利先生就是以汽车颠覆了消费者的观念。很多伟大的企业家和发明家都非常赞同亨利的上述观点。比如，史蒂夫·乔布斯就曾驳斥销售讨论小组的观点，因为他觉得，苹果公司把产品展示给消费者之前，消费者不会清楚自己到底需要什么样的产品。

有一次，我顺道在科罗拉多州韦尔镇一家小店买了一把指甲钳。结账时收银员问我要不要买杯咖啡。在他提议之前，我并没有想过要买咖啡。不过，收银台后的咖啡壶里飘出的阵阵香味，让我心动不已。而他的提议也正合我的心意。自那以后，我就成了那儿的常客。

无论销售的是高端电脑还是指甲钳，想客户之所想，甚至做到预见客户需求无疑是让企业在竞争中获取优势的捷径。在客服工作中，预见客户需求的重要性更是不容小觑，不仅能防患于未然，还能让客户感受到关怀，进而促使企业博得客户的欢心。

说到预见客户需求带来的惊喜，我这里还有一个事例。有一次，商业伙伴维贾伊·巴贾杰（Vijay Bajaj），携妻子瑞诗玛（Reshma）和他们十岁的儿子阿尔曼（Armaan），跟我在达拉斯四季酒店共进晚餐。他们一家刚刚从伦敦飞抵美国，时差还没有倒过来。加上旅途的疲倦。席间，阿尔曼感觉困乏，昏昏欲睡。一位服务生不知从哪儿拿来了毛毯和枕头。我们还没来得及开口，服务生就把两把椅子并在一起，铺好后让阿尔曼躺下。真贴心！我猜，这位服务生当时一定是看到阿尔曼非常累了，便推测到他可能得躺下来休息一

会儿。让我感到惊讶的是，这家酒店早就预见到了这种情况，提前备好了枕头和毛毯。

要想具备预见客户需求的能力，可以观察和聆听客户与员工之间以及员工之间的交流。看看他们在交流中出现了（或差点儿出现了）哪些问题。然后，问问自己，该如何防范类似的问题。留意客户表现出不耐烦或心烦意乱的迹象。思考一下，该如何避免这些情形，该如何更好地应对客户的这些消极情绪。

我建议，企业或团队每年都进行几次座谈，围绕客户需求的未来发展进行头脑风暴。有灵感的成员可以把自己的想法自由地说出来，让其他成员记录下来。每位成员都可以大胆地提出自己的想法。不作任何评判、批评或评估。把这些点子不加甄选就付诸实施，似乎不大可行。不过，还是应该把这些想法都悉数说出来、记下来，定期查阅。虽然一些想法当下看来似乎没多大作用，但说不定日后会有摧枯拉朽之势。

切记，预见客户需求是一门永无止境的学问。客户的脑容量毕竟有限。随着环境、科技以及社会形势的转变，客户需求也会不断地变化。当下的需求得到满足后，客户就会萌生新的需求。他们或许原本只想买匹快马，但如果你有汽车卖，他们又怎能不照顾你的生意？

法则24

践行承诺

　　小时候，妈妈大都会教育我们："如果做不到，就不要轻易许诺。"（参见法则5：做让妈妈放心的事）而这也是我们在工作和生活中都必须遵循的一个法则。无论经营什么样的产品、运营什么样的业务，都应该让客户对企业有个大致的了解。为此，企业要做出清晰的承诺，以便客户和员工理解。要把承诺写下来，挂在办公楼中，挂在你的公司网站上，让每个人都能看见。

　　我们当地的一家大众超市就在店内后墙上张贴了一张宣传画。每位客户结账时都能一眼瞧见。海报上这样写道：

> **大众超市承诺：**
>
> **我们绝不会故意让您失望。**
>
> **无论出于任何原因，**
>
> **如果您不是百分之一百的满意，**
>
> **可以要求我们全额退款。**

这样的承诺再浅显易懂不过了，内容清晰明了，店里的每一位员工都明白如何掷地有声地践行承诺。这么清晰明了的承诺，也彰显了企业对自家产品和服务质量负责任的态度，说明企业有信心一如既往地满足客户的需求。这家大众超市的现任经理史蒂夫·亨格福德（Steve Hungerford）还专门抽出时间在货架间巡视，随时为客户提供帮助，这不仅再次验证了超市的承诺，还为团队树立了良好的榜样。

再来看下面这个例子，承诺还有待改进。这是来自珍珠视觉眼镜公司的承诺：

希望我们的眼镜能让您满意。自购买之日起30天内，我们可以为您提供免费维修或更换。意外损毁、剐蹭或断裂不在承保范围。此条例仅限参与本次活动的店

铺适用。

注意这款条例中的最后一句。这句话意思是说，未参与本次活动的珍珠视觉店铺均有权不履行此条承诺。如果有可能，我一定会建议他们把这句话删掉。我完全搞不懂，为什么这家连锁店不坚持让每家分店都遵守相同的承诺呢？另外，读了倒数第二句话，客户恐怕心里可能也会有些不舒服。如果客户自己把眼镜踩烂了，或者，在车道上把眼镜压烂了，那么，眼镜店拒绝承担全额退款，的确无可厚非。但是，与其这样强调不予承保的项目，还不如把重点放在承保项目上。岂不是更妥？措辞恰当的承诺书不仅能给客户吃粒定心丸，还能起到宣传的效果。不仅能公开宣示企业的主张，而且还能让客户明白企业责任的底线在哪里。

措辞恰当的服务承诺不仅要让人一目了然，还要符合以下几点要求：

· **措辞清晰明确**。"我们会在60分钟内为您安装好轮胎"这句话要比"我们会尽快为您安装好轮胎"强有力得多。相比之下，"如我们不能在60分钟内为您安装好轮胎，不收取任何费用"要比前两句话更加掷地有声。这种清晰的措辞既能让客户对自己的权益有了准确的了解，又能避免因歧义产生纠纷。

· **告诉客户具体的联系方式，让承诺更加可信。** 客户应该怎样联系呢？如果要在网上联系，那么网址或电子邮箱是什么呢？企业的地址是哪里呢？电话号码是多少呢？如果写信，邮寄地址是哪里？如果是面对面的交流，那具体地点又在哪里？

· **尽量少提免责条款。** 承诺应该跟大众超市一样是无条件的。如果保证条款后面附上一大堆免责条款，那么客户就会自然而然地对产品或服务产生抵触。

· **体谅客户。** 如果客户时间比较紧，自然就会关注那些保证服务高效的承诺。如果客户大多比较关注产品或服务的奢华或便利，也应依据客户需求做出相应的承诺。

· **注明企业违背承诺该作的赔偿。** 如果未能令客户满意，企业能否退款或返券作为赔偿？能否在客户下次光临时免费赠送产品或业务？

· **简化赔偿程序。** 不要让客户为索赔等候层层审

批，也不要让他们费心地去填写各种各样的文件或打电话跟几十个人苦苦周旋。

说到底，客户希望感受到关怀，而细致周到、体贴入微的服务承诺正好印证了企业对客户的拳拳之心。但如果只想拿承诺当作商业噱头，想敷衍了事地应付客户，再美好的承诺也会适得其反。《哈佛商业评论》上发表过一篇文章，题为《无条件服务承诺的威力》。这篇文章的内容力透纸背，入木三分。作者克里斯托弗·W．L．哈特（Christopher W. L. Hart）写道："如果既想将服务承诺对于企业的影响降到最低，又想最大限度地发挥服务承诺的市场营销作用，必然不会获得成功。"这篇文章发表于1988年，不过，它所表达的道理在今天仍然不过时。

德国有一句谚语："承诺就像满月，如果不能立即兑现，便会一天天地黯淡下去。"所以，要牢记妈妈的话，一诺千金，切莫轻许！

法则25

待每一位新客户如同贵宾

我和普丽西拉最喜欢去一家奥兰多的"酒闷仔鸡"餐厅。每次我和普丽西拉去这家餐厅吃饭的时候，餐厅老板桑迪（Sandy）都会过来拥抱欢迎我们，会跟我们说见到我们很开心，话里没有半点虚情假意。和友人去用餐，桑迪对我友人的热情也丝毫不减，还会亲自把我们引到专座。桑迪的丈夫雷蒙德（Reimund）在餐厅担任主厨，有时也会过来跟我们问好，向我们推荐当晚的一些特供菜品，间或还会送来一瓶好酒。餐厅里的菜肴让人垂涎欲滴，不过，单凭这些菜肴还不足以俘获我们。独一无二的服务才是这家餐厅制胜的法宝。

不用说，像"酒闷仔鸡"餐厅这样对我和普丽西

拉一视同仁，不失时机地为老客户提供日臻完善的消费体验，是一流服务的一个重要方面。不过，还有一点不容忽视。那就是待每一位新客户如同贵宾。说实话，我和普丽西拉之所以能成为这家餐厅的老主顾，就是因为第一次光顾时就受到了特别的礼遇。第一次进店用餐时，两位店主就记住了我们的名字。打电话预约时，店主竟然还记得我们上次来用餐时坐的位置，并且专门为我们预留了下来。真是让我们又惊又喜，至今仍记忆犹新。

你不要认为这样的客户服务只有在高档餐厅才能享受。最近，一位友人与我分享了他家附近的一家咖啡馆的故事。排队点餐时，排在前面的几位客户拿不定主意点什么，因此浪费了很长时间，我的那位友人渐渐地不耐烦了。突然，他看到女服务生正在柜台后向他招手示意。他走到近前，服务生为他端出了一杯他常点的大杯低咖啡因的卡布奇诺。我的友人大吃一惊，店里竟然有人还记得他的长相，还有他经常点的饮品，这是他料想不到的。他跟我说，以后还会来这家咖啡店。我们都希望自己能够得到特殊的礼遇，而成功的商家恰恰会为进店的每一位客户制造这种特别的体验。不久之前，我对手机服务不大满意，于是进了一家韦里孙无线手机营销店看看有没有其他的选择。接待我的女员工安杰拉·帕克（Angela Pak）不仅态度积极、专业精通，对工作也一丝不苟。我至今仍然还记得她的名字。她给我介绍了一款比较适合我的机型，耐心地让我自己做决定。虽然终止之前订的套餐会让我损失几百美元，我还是更换了手机业务。这多亏了安杰拉的服务。她先是准确地了解了我对手机的需求，然后很快地帮我找到了一款适合我的手机。这也正是服务的精髓所在。

其实，了解并根据客户的特殊需求为其提供特殊服务并不是什么难事。可以从客户的穿着、口音、身体语言、语音和语调、手中拿着的杂志对他们的秉性有个大致的了解。或者，也可以通过交谈中的只言片语，了解下客户是不是第一次来这座城市，或者，是否想吃份甜点或喝杯香槟。通过细致的观察，也不难发现客户藏着的心思。客户是不是已经等得不耐烦了？是不是赶时

间？如果是的话，那就得加把劲儿，提高服务效率。客户是否有些焦虑不安？如果是的话，多花些时间安抚一下他们吧。客户是否有些快快不乐？如果是的话，可以给他们送份小赠品，也可以给他们讲个笑话活跃下气氛。客户的这些负面情绪或许并不是企业造成的，但如果能对这些情绪加以关注，说不定就能找到突破口，摸索出他们最想要的服务是怎样的。

简单来说，企业应该不遗余力地让新老客户都有宾至如归的感觉。还记得电视剧《欢乐酒吧》里的主题曲吗？"每个人都知道你的名字，每个人都对你笑脸相迎……"这样的酒吧谁不喜欢来呢？让每个客户都能受到欢迎。因为不管怎么讲，客服工作中制造的"熟悉感与亲切感"不但不会让客户觉得受不了，反而会引得宾客盈门。

法则26

关注当务之急

"赢（WIN）"在这里不是体育竞技意义上的
"赢"，而是英文句子"what's important now"（"当
务之急"）首字母的缩写。对于企业，当务之急莫过于
博得客户欢心了。客户的所思所想以及他们的顾虑，统
统都是当下最需要关注的。如果有客户在柜台等着，就
不该甩下客户去收拾桌子或更衣室里的衬衫，而应放下
手中的电话，停止和同事的闲聊，关掉说话的宝宝和跳
舞的熊猫之类的视频，去积极地帮助有需要的客户。

　这么些年来，我既是管理者，也是消费者。根据
我个人总结的经验，我可以负责任地告诉大家，只要你
对客户置之不理（并非工作原因而让客户在那儿等，这

种情况更甚），即便只有几秒钟的时间，在客户那儿也是难以忍受的。因此，应该时时刻刻把注意力集中在客户身上。当然，如果是在商场、银行或者其他需要直接对接客户的场所工作，有时会因忙得不可开交而不得不让客户稍待片刻。有时，不可避免地也会有客户插队。即便这样，也得着眼于当务之急。什么才是当前急切要办的呢？毋庸讳言，正在接待的客户应该被排在首位。不过，可以让插队进来的客户知道自己已经受到了关注。可以跟他点头致意，挥手示意，进行简短的眼神交流，或者，愉快地招呼一声"我马上过来，您先随意逛逛"。是的，就这么简单。人人都希望能得到别人的关注。如果对客户置之不理，那他要么会转身就走，要么会心生愤懑。等到终于腾出时间来接待他们，就晚了。

或许，你认为收拾用完餐的餐桌、折叠更衣室里客户试过的衬衫都是本职工作，而且这些事是规定要做的。按照要求完成任务，或者，按照岗位职责的内容完成交易，远没有解决当务之急来得迫切。情感因素是客户服务的精髓。正如商业顾问、资深管理学作家史蒂芬·丹宁所说："客户服务从来都不是一笔交易，而是一个增进感情的过程。"不久前，我和大约150名旅客在机场准备登机。起飞时间临近了，却迟迟没有接到登机通知，大家心里不禁犯起了嘀咕。我们一边漫无目的地闲逛，一边焦急地琢磨着到底出了什么状况，盼着这时候有人出来给我们一个解释。柜台后的工作人员一直在电话协调，躲避旅客疑惑的目光。显然，她确实是在做自己的本职工作。不过，却没有着眼于当下最迫切需要关注的问题。她正在打的电话固然重要，但焦躁不安的旅客也不容忽视。如果她能够暂停一下，给旅客们简短地通知一下，或者，抬起头跟旅客眼神交流一下，那也会给我们带来莫大的安慰。很遗憾，她并没有这么做。她一放下电话，就被满腹牢骚的旅客团团围了起来，有的旅客甚至表示，如果条件允许，以后再也不会选择乘坐这家航空公司的航班了。

有时，"当务之急"并不那么一目了然，这就得考验人的判断力和直觉。有的人天生就具备洞若观火的眼

力。作为管理者，就该去挖掘这样的人才。但即便团队成员人人都是直觉敏锐的"天才"，也得让他们明白，满足客户情感上的诉求才是当务之急，其他事情都要为之让道。

法则27

把"立刻"奉为工作的时间标准

　　我们身处在一个"立刻满足"的快节奏时代。人人都有欲望，都希望自己的欲望能立刻得到满足。"立刻"已然成为我们当今社会普遍奉行的准则。在为客户提供服务时，"立刻"也应该成为服务用时的标准。

　　俗话说"速度杀死人"。这话放在吸毒和驾驶上，的确挺有道理。但在商业上却很难。在我们这个心浮气躁、瞬息万变的世界，能在速度上打败竞争对手，企业就能占据一大优势。

　　不久前的一个周六的晚上，我出差回到家打开了电脑，屏幕上并没有像以往一样出现开机画面，而是突然弹出了一条错误信息，都是专业术语，让我有点儿摸

不着头脑。我祈祷着电脑能像伤口一样随着时间自愈，于是决定先上床睡觉。周日一早，我又开机试了一次，眼前出现的还是昨晚的那堆专业术语。当时我恰好要用电脑完成一些工作，不得不寻求专业人士的帮助。

于是，我拿出手机，搜索附近有没有周日早晨营业的维修店。谷歌页面上出现了一长串的网站，每家网站都承诺自己能够修旧如新。我拨通了前两家网站上的电话，语音信息提示让我留下自己的电话号码，却没有告知什么时候才会回我电话。于是，我又拨通了后面两家网站上的电话，而语音信息却说这两个维修店只有周一到周五上班，一句"祝您周末愉快"就不了了之，连留言选项都没有。我又怎么能周末愉快呢？几个小时过去了，没有一家维修中心回我的电话。我无奈又打开谷歌进行搜索，这次，我找到了一家提供全天候服务的维修中心。我拨通了电话，没承想接电话的竟是个活生生的人！对方叫格雷厄姆（Graham），我向他尽量形象地描述了电脑的问题，他让我把电脑拿到他的住处看一看。于是我便赶到了格雷厄姆的家。看过电脑后，他告诉我不出24小时就应该能把电脑修好。

当天下午四点，格雷厄姆给我打来了电话，他说："电脑修好了，可以正常使用了。"在争分夺秒之时，需求得到立刻满足的感觉真好啊！

格雷厄姆不仅技术过硬，还是位精明的商人。他把"立刻"奉为工作的时间标准。他明白，如果他在许诺时不把话说满，却能交出超出预期的工作成果，收效要比说大话却无法兑现好多了。这种理念几乎可以用在任何行业上。如果经营的是零售业，预计延期交货的商品会在周三到达，那就告诉客户周四才能收到，然后再打电话告诉他们提前到货的消息。如果是汽车维修店的店主，那就告诉客户她的车要到下午五点才能修好，然后，在两点的时候打电话告诉她，你们特地为她把车提前修好了。如果是金融、保险或银行业的工作人员，在手机的来电语音中，可以设置成让来电者等候五分钟，但只过两分钟，你就接听了电话。从这次维修电脑的经历中我发现，得到比你预期更加快捷的服务，实在是世上少有的美事呀！

当今，人们对"立刻"的重视程度已达到了一个前所未有的高度。所以，"立刻"和团队促膝长谈，策划一个新的体系和流程，以便把工作更快、更早、更有效率地完成。"更快、更高、更强"这句奥林匹克格言，同样也可以作为我们的座右铭。相信，在客户服务上，速度才是王道！

法则28

深层次挖掘客户期望

　　"需求"就像一杯咖啡，而"期望"就像是醇香的口感——便捷高效、令人愉悦的服务。手机业务是一种"需求"，而信号稳定、技术专业、订阅方便等，都是一种"期望"。客户的"期望"往往需要我们往深处挖掘。

　　客户需要什么东西时，都会来找你帮忙。有的需要衬衫、食物或者智能手机，有的需要修理房顶、建立支票账户或是一次奢华的旅行。这些需求都是招徕客户的"诱饵"。然而，要使他们成为回头客大唱赞歌，仅仅满足客户需求是远远不够的，还得满足他们的期望。

　　表面上看，客户的需求或许并没有太大的差别，

但是这并不意味着每位客户都需要相同的东西。人人都会有一些基本需求，比如食物、休闲、衣服、交通工具、健康保险等。正因为客户的期望各不相同，才有了汉堡快餐店、有机食品超市、老式成衣店、尼曼高端百货、露营帐篷、豪华游艇，以及运动型多用途车和混合动力车的区分。

此外，客户对客户服务的期望也不尽相同。有些想得到快速高效的服务，有些更注重便捷，有些觉得实惠才是重点。对于某些客户而言，人与人之间的交流才是客服中最关键的因素。他们希望别人对他们能热情、友善和尊敬一点儿。只有体察并满足客户最迫切的期望，才能赢取越来越多的忠实客户。

我偶尔会到沃尔玛去消费。其实，吸引我的并不是天天低价的优惠，而是因为有家分店离我家很近，全天营业，结账速度也快。在那家沃尔玛超市消费，节省了我的时间。节约时间恰恰是我所想要的。如果能够速战速决，即便天天高价，我都毫无怨言。

我们还可以这样来看待这个问题：产品和服务满足的是客户的需求，而客户的期望涉及的则是获取产品和服务的方式。需求是表面的、物质的，而期望则是微妙的，往往带有感情色彩。健康保险是一种需求，而低额保费、专家咨询以及快速理赔是客户想得到的。汽车维修属于需求范畴，而诚实守信、答疑解惑以及专业维修，是客户期望得到的。需求是一杯咖啡，但期望是醇香的口感以及轻松愉快的服务。手机业务属于需求，而稳定的信号、专业的技术支持，以及毫不费力地订阅、取消套餐等，都是客户的期望。

有位女士曾给我讲过一件事，很好地说明了体察客户的渴望有多么重要。这位女士在几家济贫院里工作了整整十年，最终不幸被解雇了。身心俱疲、囊中羞涩的她急需找个地方理个发。于是，来到了一家理发店。她跟我说："店里的理发师对我呵护倍全，帮我洗了头，让我觉得仿佛是上帝的手在恩待我。一个与我素昧平生的人，居然能用如此让人舒服的力道和态度为我服务。工作期间，我就是用这样的双手和心灵去为那些临

终者和他们的家属服务的。修剪头发虽然是我的需求，但我真正想要的是一份慰藉和关怀。那位年轻的女理发师体会到了我的期望，我永世也忘不了她。现在，我理发只去那家店。"可见，故事中的理发师洞察到了需求和期望之间的差别。

或许，从表面看来准确判断出客户的期望很简单。但实际上比想象中要困难很多。在迪士尼供职时，我总是信心满满地认为，那些来主题公园和度假酒店消费的客户期望的只是精彩的表演、刺激的娱乐设施以及开心的体验罢了。后面我们跟盖洛普咨询公司合作，对6000名近期光临公园的游客进行了调查，询问他们："来到迪士尼世界希望收获什么？"结果表明，游客们的期望虽然与我们的估计很接近，但我们认为的游客期望在他们看来已不过是理所当然罢了，只能算是他们的需求。而游客们的期望包括以下四项：

· **特殊感觉**

· **个体对待**

· **尊重**

·博学

这件事让我明白了，客户的期望往往需要我们往深处挖掘。还有就是，如果并不想止步于满足客户需求，想满足客户的期望，那就得深入探寻他们的真正想法。通过前文提及的问卷调查方式，可以对客户的渴望有个整体的把握。此外，还可以找个时机来问问，看看他们到底希望通过企业获得什么。调查对象可以不必局限于客户，还可以把亲友、邻居甚或素不相识的陌生人纳入受访者的范畴。

而要想挖掘客户的个体需求，可就不那么容易了，因为每位客户都会依据自己重视的因素做出不同的选择。在面对面地与客户接触时，应当努力把握每位客户的个性。所以，用心聆听很重要。客户谈吐之间的用词、语调、表情及手势等，往往都会流露出他们的情绪变化。什么情形会让客户心生疑虑？他们言语中什么时候会透露出激动兴奋之情？什么时候又会显得无精打采？哪些事会让他们变得不耐烦？这些迹象往往不易察觉，也难以捉摸。正因为如此，悉心聆听才显得更为重

要。举例来说，客户一脸迷惑，或许说明他希望你能提供更多的信息或给出更直白的解释。如果客户迷茫地看着你，就表示"我完全搞不懂你在说些什么，但是我希望能听下去"，或者，"这个人说的是不是废话呀？"有时，客户不说出口的话却胜过千言万语。如果原本健谈好问的客户突然之间变得沉默寡言，通常说明，客户对你已经失去了兴趣，你最好加把劲儿，挖掘出客户真正想要的东西。

客户身体语言的细微变化也应引起注意。他们什么时候会皱眉，会两眼放光，会坐立不安，会双手抱臂显出一副疑心重重的样子？这个姿势也许是客户在用身体语言告诉你："我不能认同你说的话"，或者"我可不能让这个人把我骗了"。有时，客户的仪容仪表也能透露一些信息。如果客户身着名贵服饰，他或许不大会在意价钱高低，而更重视质量和自我形象。如果客户一身休闲的旧衣服，他/她可能会更看重产品的耐用性，而对潮流款式不以为意。这些例子或许能帮你洞察客户的所思所想。但实践中鲜有屡试不爽的黄金法则。要想读懂人心，经验才是最可靠的老师。

悉心聆听能帮你准确地拿捏客户的所想所求。再给大家举个例子。一位女士的电脑出了毛病，便给技术支持中心打电话。接电话的客服代表想通过几个简单的步骤来引导她判断出电脑的毛病，但这位女士却晕头转向，只得一次又一次地重复步骤。客服代表并没有因此而不耐烦，而是悉心地聆听着对方的言语。他发现，这位女士的声音时断时续，听起来有点儿颠三倒四，甚至有些混乱。于是，他便温和而耐心地问对方，是不是出了什么问题。这一问，女士开始打开心门倾诉衷肠，说自己上大学的儿子刚在一场意外中丧生了。在悲剧的笼罩中，电脑软件的问题显得尤为棘手，因为这种问题平时都是儿子帮她处理的。这位女士的确需要找人修理电脑的故障。但她真正期望的，是为悲伤找个出口。客服人员理解她的心情，于是便耐心聆听她讲述儿子的事情。不出所料，这家公司赢得了这位女士的忠心——服务合同得以续订，而这不仅增加了公司的营业额，而且也让这位丧子的妈妈得到了心灵的慰藉。

　　要强调的重点是，或许产品质量很好，足以让全世界的消费者都慕名购买。但如果仅仅停留在满足客户的需求上，那无疑是把找上门的客户拱手送给竞争对手。需要做的是往深处挖掘，挖掘连客户自己都不知道的期望，然后去满足这些深层次的诉求。

法则29

组建一支"技术达人团队"

　　企业都喜欢雇用年轻员工，因为年轻人外形条件好，身强体壮，雇用薪酬低。而且，年轻人中的佼佼者有在职场大放异彩的潜能。现今，雇用年轻人的理由又多了一个：与年长的同事相比，这些年轻人对新科技的掌握更为专业，其中有些人甚至可以称得上是专家。我最近听别人说过这么一句话："世界的明天掌握在技术达人的手中。"虽然此话有些言过其实，但我认为，如果企业没几个"技术达人"的话，就会在市场竞争中失去优势。我们几乎每天都能看到新的电子产品上市，而这些酷炫科技创新产品不失为提升客服质量的利器。因此，企业最好招几名对当今世界科技发展情况了如指

掌的人才，尤其关注那些能够自己动手进行技术创新的人才。

前不久，我得知，加州圣何塞市的"果园供应"五金店推出了一套名为"分区服务"的项目。"分区服务"到底是什么呢？这家店面为六万平方英尺的分店隶属于DO IT BEST五金批发公司，该公司在全球拥有4000家分店。圣何塞分店的CEO马克·贝克（Mark Baker）这样解释道："店里的每一名工作人员都要戴一副耳机。这样，无论客户需要在停车场货物装车，还是希望得到产品的信息，我们都能按需把人员调派到位。"这个例子很好地说明，科技是用来提升客服质量的法宝。同时，这件事也让我们懂得，改进客服质量的方法有很多。当下，提升客服质量的秘籍或许就在那些"技术达人"的手中。

"技术达人"通常可以定义为：

· 在某一领域非常专业，尤其是技术领域。

· 在某方面很精通的人，即某方面的高手。

· 对电脑和新媒体等技术感兴趣的人。

企业对这些人才的需求已经达到了前所未有的程度。当今，无论哪一个行业，客服质量的提升都离不开科技。科技使得销售流程标准化，方便客户在网上查找和购买产品，也能让企业更好地寻找目标客户群并吸引他们的注意力。当然，科技还能为客户提出问题或意见、投诉、退货提供便利，帮客户迅速解决问题。如想在当今世界激烈的竞争中屹立不倒，就离不开科技的辅助。可以这样看待这个问题：即便对手凭借科技只为客户节省了几分钟的时间、只避免了一次争吵或只让客户与企业的沟通变得愉快了一点点，竞争中企业也只能甘拜下风。

即便所谓的高科技只是开设一家网站，只是申请一个脸谱网主页，抑或，只是用电脑存储数据，仍然需要组建一支技术达人团队，来确保所有系统得到及时更新，以便达到高效运转。当今，科技发展的势头锐不可当，企业不仅需要技术达人帮助创建和维护信息系统，还需要他们确保企业紧跟时代脉搏。美国网络安全专家理查德·克拉克（Richard Clarke）就曾说

过:"一切发展都要靠技术达人。"

务必牢记:要寻找的技术达人不仅要对科技得心应手,同时还得熟练掌握客户服务,了解客户服务工作的重要性。要找能与他人产生共鸣的技术达人,而且,他们必须懂得如何站在客户的立场上看待问题。唯其如此,他们才能利用科技有效地满足客户的需求。

技术达人让世界发生了翻天覆地的变化,同样他们也具备为企业定乾坤的能力。为企业或团队招募一些技术达人吧!优待他们!为他们提供必要的创新空间,以便他们帮助企业提升客服质量。

法则30

注意细节

维珍集团的创始人、英国企业家理查德·布兰森（Richard Branson）曾这样写道："不尽如人意的服务与卓越的服务之间唯一的区别，就在于对细节的关注。"这句话用在客户服务上，真是一针见血。

在关注细节方面，能像速递业巨头联邦快递一样一丝不苟的公司屈指可数。联邦快递在220个国家和地区拥有30万名员工，但即便如此，公司每天都要为每一名员工提供送货路线指示，这些路线精心计算了每个递送点的最短距离，还尽可能多地安插右转，以便节省运送时间和汽油。可见，对细节的关注不仅能为其节省大量的时间和金钱，还能为客户提供更快、更省钱的寄送

服务。

最初创业或刚入职场时，你很可能会对细节一丝不苟，把一切事务都料理得井井有条，像一台加满油的机器一样轰隆隆地运转着。现在的你还保持着那时的状态吗？即便答案是否定的，也没有什么好奇怪的。随着时间的推移，很多人都会逐渐疏于对细节的关注。时间、成功以及经验，都是细节的大敌。繁忙或顺境时，对细节有所疏忽是人之常情。熟悉了工作任务以后，我们便会对自己的经验抱有一种理所应当的态度，也就免不了会陷入"只见树木不见森林"的窘境了。

虽然粗心大意是难免的，但后果却往往不堪设想。如果医生开药时在剂量上点错了小数点，汽车司机对轮胎上松动的螺丝视而不见，消防人员和安检人员对车辆上出故障的转向灯置之不理，那会引发多少触目惊心的惨剧呀！诚然，在大多数职业、行业中，一些细节上的疏忽并不会伤及人命，但却会让企业丧失客户的信任，出现财务亏空。

列清单虽然看上去简单，但其作用却不容低估。

要想让自己和身边的人注重细节，这无疑是有效的途径。阿图尔·加万德（Atul Gawande）是一位外科医生、作家，还是哈佛医学院的一名教授。他在自己的畅销书《清单宣言》（*The Checklist Manifesto*）中写道：你能想象得到的所有不起眼的失误和致命的过错，都可以通过列清单来避免。数据显示，医院通过列清单来确保清洁工作大幅降低病毒感染率。航空业通过列清单来提升操作效率和降低坠机事故发生概率。加万德提供了充分的佐证，证实了无论在建筑业、银行投资业，还是国土安全方面，列清单都能大幅降低人为失误发生的概率。既然列清单能降低医疗失误事件和工地工伤事件发生的概率，那也一定能帮企业提高客户的满意度。

不过，产业、部门、职能以及具体情况不同，清单罗列的形式自然也会有所不同。普通零售商店的客服清单可能会是这个样子：

*把车道、停车场以及进口处打扫得清新洁净、一尘不染。

*团队所有成员均须有专业风范，且着装得体。

* 姓名牌须戴正，让人一目了然。

* 灯光亮度和音乐音量的调节须适当。

* 所有商品须码放整齐。

* 特价商品摆在显眼的位置。

* 收银区域不得有杂物堆积，收银员须各就各位。

* 卫生间打扫干净，不得有异味。

* 等候区整齐摆放当季杂志。

* 煮好新鲜咖啡，做好为客户供应咖啡的准备。

* 各就各位，迎接客户进门。

* 员工入口、休息室及衣帽间须保持干净整齐。

* 确保每架电梯整洁、无故障。

* 启动电脑，并确保其正常运行。

* 检查打印机里纸张是否够用。

以下是关注细节的最佳实践。如能加以利用，肯定能让企业的客服质量更上一层楼：

· 设置详细具体的政策和流程，把内容传达给每一位与客户直接或间接对接的工作人员。

· 工作间隙安排一定的休息时间，以确保那些负责常规（甚至重复）工作的人员保持头脑清醒。

· 定期检查机器及工艺技术，确保万无一失。

· 培养每一位员工洞察潜在问题的能力，确保他们能通过便捷安全的渠道发现问题，以便遏渐防萌。

· 建立便于交流的企业文化，让各级员工都能方便地与高层进行沟通。

· 用便签本或剪贴板记录日常操作流程，把细节上的问题标出来，以便及时做出修改。

刚开始的时候，你的员工也许会觉得你有些吹毛求疵，但他们很快就会看明白细节上的用心，并开始竞相效仿。

有人说，魔鬼藏于细节之中。生意上，对细节的忽略，可能会让你功亏一篑。如果能关注这些具有魔力的细节，不仅客服质量和企业盈利会大幅提高，而且客户的满意度也会持续飙升。

法则31
坚持好品质

　　诚信决定着企业的生死。如不能每次都及时准确地满足客户的需求，即便产品品质全球一流，企业也很难实现长期盈利。无论哪个行业，企业的诚信都会为客户带来安全和舒心。客户希望他们的包裹能够如期抵达，希望拧动车钥匙后汽车能够正常发动，希望送到家里的比萨总是热乎乎的，也希望旅馆房间入住时被收拾得干干净净。

　　诚信关乎企业名声，也决定着盈亏。纽约大学斯特恩商学院名誉教授查尔斯·福伯恩（Charles Fombrun）曾这样写道："凭借独一无二的特色，加上通过各种举措养成的个性，企业逐渐建立起自己的名声。

如果能长时间维护其名誉，就会在股东中间树立起可靠、可信、负责的形象。"他还补充道："加深股东们对企业的举措和诚信度的信赖，就能为企业带来经济收益。"福伯恩援引过一项调查。调查中诚信被列为关乎企业名誉的十大因素之一。同时，他还在关于诚信可靠的定义中提到了"坚持好品质"这一点。

如果以上内容还不足以让你信服，可以试着这样想：假设你家附近的干洗店在干洗、熨烫及去污方面都做得无懈可击，价钱也很公道，服务人员不但记得你的名字，而且每次都能笑脸相迎。不过，大约每洗十次衣服，都会出现一次领取时间延误的情况。难道这还不足以让你考虑换一家店吗？又或者，有家餐厅有你最爱吃的金枪鱼奶酪三明治，店里服务员总是笑脸迎人，价钱也很便宜，不过，偶尔上餐太慢，害你上班迟到。你能坚持在这家店消费多长时间呢？再比如说，汽车修理师检修故障时很犀利，价格也很公道，但偶尔会把车座弄脏。下次修车你会不会考虑另换一家呢？

很多人都知道，树立良好的信誉是一个长久积累

的过程，倘若有一点疏忽，都可能会功亏一篑。还记得丰田因"暴冲"问题召回230万台车的事情吗？一夜之间，原本以安全可靠著称的汽车品牌，一下子被用户们视为伪劣产品。正如一家报纸的标题写的："丰田因召回事件信誉触底"。召回工作虽然庞杂，但最终还是为丰田挽回了公司声誉，也挽回了车主的信赖。绝大多数企业都认为，一旦被贴上"不可信"的标签，想东山再起谈何容易！如果本来广受信赖的企业、产品或服务出了问题，客户便会变得警觉起来。这种时候，他们大多会求助于身边的朋友，询问他们"衬衫都在哪家店干洗的呀？"或者"你认不认识哪个可靠的机修师呢？"

要留住忠实客户，就得在日常经营中和面对突发事件时坚决捍卫企业的服务质量。不能让外界对企业有这样的评价："这家公司总体还行，不过我没法完全相信他们。"这样的评价对于企业而言，无异于宣判了死刑。有时看到季度报表显示盈利滑坡，企业才能意识到客户已经转身离去了。不过，到那时已经无力回天了。

反过来说,如果"质量信得过",那么客户肯定愿意掏更多的钱、跑更远的路来跟企业合作。

无论规模有多大,企业都得靠每一位员工一点一滴地去积累声誉。正因为如此,本书的前几章里我还专门提醒大家要雇用合适的员工,还强调要为员工专门提供培训,帮他们不断地提升技能,对他们进行测评,以确保培训效果。然而,始终坚持好品质,并不意味着企业和每一位员工都不应该采取任何措施来提升服务。"始终"二字并不是说时时刻刻都遵循一成不变的流程,而是说让服务质量一如既往地保持高水准。

我们应始终坚持好品质,杜绝任何意外事件的发生。

法则32

赋予员工一定的工作自主权和灵活度

我认识的一对夫妇最近到一家大型电子商行准备购买一款即将推出的热门游戏机。商行还没开门，两个人就赶到店门口，跟其他游戏迷一起排队等待。妻子因为身患疾病必须坐在轮椅上。于是，两人便询问安保人员能不能让他们在店内等候。安保人员进店询问，20分钟后回来说他们必须和大家一样在店外等待。夫妇俩要求找经理交涉，仍然遭到拒绝。给的理由是，规矩就是规矩，没有什么商量的余地，经理也没有办法。

按理说，安保人员应该有权为残障人士破例。但遗憾的是，显然这位安保人员没有自主决定的权限。这不仅会引发客户的强烈不满，也会让商行在这款高利润产品的销售上蒙受损失。

相反，亚马逊就懂得给予员工自主权。记得有一次，普丽西拉订购的一套瓷器出了些问题，便给亚马逊客服打了电话。客服人员并没有一边请示上级领导一边让她在电话这头傻等，而是让她选择退款到购物卡或直接换货。普丽西拉对他们的服务非常满意。她告诉客服人员，自己的丈夫正在写一本有关客服的书，所以她想问问亚马逊的企业政策是什么。客服人员回答说："很简单，我们有权力让客户满意。"

跟客户打交道的员工都应该懂得，自己首要的职责就是让客户感到称心如意。所以，企业应该赋予他们一定的权力。诚然，员工手中的权力总是要受到限制。因此，企业必须设计切实可行的流程，来确保员工与管理者之间的沟通渠道畅通无阻。或许，大家都有过亲身体验，公司规定遇事必须得上报，而左等右等等不到领导拍板，这滋味儿真是不好受。

相关调查显示，让企业失去客户青睐的原因，可

能并不在于问题本身，而在于解决问题的速度太慢、效果太差。当今这个时代，客户不仅期望自己的欲求能够立刻得到满足，而且也想麻烦事儿能避则避。岂不知等待问题解决所浪费的每一分钟，都在累积不满的情绪，累积到一定程度客户就会拂袖离去。另外，一线客服人员的权限越宽，管理者就越能集中精力去处理自己手头的工作。赋予员工一定的权限，显然是有裨无害的。

迪士尼之所以能以优质服务享誉全球，究其重要原因之一就在于：公司能一丝不苟地把内部的所有问题失误全都记录下来，然后有针对性地对员工进行培训，并赋予他们现场解决这些问题的权力。希望大家都能在自己的权限范围内采取同样的措施——定期对客户和员工进行调查，确定问题多发区域，然后为员工们提供有针对性的培训，让他们具备应对突发事件的能力，并赋予现场处理问题的权力。

有位友人曾经跟我讲过。有一次，他赶到机场，却发现自己不小心订错了机票。当他发现自己预订的班机已经在24小时前起飞后，心情跌到了谷底。他本计划乘那次航班赶赴一次商业会议。所以，如果不赶紧找到另一班次，麻烦可就大了。他惊出了一身冷汗。航空公司票务员安慰他说："让我看看能为您做些什么。"说完，就轻敲了几下电脑键盘。短短几分钟，她就跟我朋友讲："搞定了，您的航班将于40分钟后起飞。"我朋友千谢万谢，掏出信用卡打算付改签费用，票务员摆摆手谢绝。

很显然，西南航空公司赋予了这位票务员处理问题的权限，让她尽可能地满足了旅客的要求。这样的政策不仅能获得客户的垂青，还能让盈利迅速飙升，值得企业效仿。

法则33

甘当救场英雄

1976年，我在万豪酒店负责经营工作时，有位经常光顾的女宾，每次来就餐都必定要抱怨一通：茶太凉啦！汤太热啦！你们为什么没有这种菜？为什么要提供那种菜？菜上得太早啦！酒水上得太迟啦！有一天，我终于忍无可忍，让心中的"小恶魔"占了上风，于是问她："您每天晚上是不是都躺在床上琢磨该来我们这儿抱怨些什么呀？"

她立刻反唇相讥，我俩就吵了起来。我告诉她茶水很热，而她偏说茶是凉的；我告诉她汤的温度正合适，而她却坚称汤把她的舌头烫伤了。没过多久，争吵就变成了互相攻讦，我们的话题不再围绕茶和汤，图的只是争个高低胜负。过了一会儿，总经理巴德·戴维斯（Bud Davis）把我叫到办公室，狠狠地批了我一顿。我不仅得向那位女宾道歉，此后还得每天对她俯首帖耳。虽然我表面照做，但心里却因为让她占了上风感到愤愤不平。巴德告诉我：如果客户占了上风，企业才是真正的赢家。

他还告诉我，即便最惹人厌的客户，也是来和你做生意的。他们手里的钱，与那些彬彬有礼的客户手里的毫无差别。想继续赚这些人的钱，最好管好自己的嘴巴。这个教训我算是学到了。从那之后，再也没有和客户发生过任何口角。当上总裁后，我一直要求我的团队绝不要与客户发生冲突。这意味着，在工作中我不得不一次次地把刚到嘴边的气话又咽回去。但我并没有把自己噎死，还为公司挽留了不少客户。不久前，孙子朱利安（Jullian）告诉我，舌头是人身体最强壮的肌肉。如果客户挑起争端，你最好还是精明一点，不要逞口舌之快为好。

多年以来，我经常听到客户投诉一线的服务人员态度恶劣。询问服务人员后却往往发现，是客户歪曲事

实、出言不逊，或者，损害了公司的利益。一般来说，服务人员大多认为，对于态度恶劣的客户，宁可选择受损失也要息事宁人。而当我说并不存在所谓的"坏"客户时，他们都大呼不解。

我总会不失时机地把巴德·戴维斯教给我的道理传授给这些员工：绝不要与客户起争端。不要反唇相讥，不要出言不逊，不要冷嘲热讽，绝不能有例外。有没有试图诓骗客户？当然会有。会不会有客户想要不花钱占便宜？肯定也免不了。有没有品行恶劣、对人颐指气使的客户？没有才怪呢！但是所有这些都不重要，因为生意和利润才是王道！

因此，客户越是吵吵嚷嚷，你就越该轻言细语；客户越是躁动不安，你就越该平心静气。正所谓"不和不讲道理的人争吵，否则你自己的档次也会降低"。如果遇到无法控制住情绪的情况，那你就离开事发现场，赶紧找上司来解围吧。

如果是管理人员，那你需要让员工明白，在面对客户时一定要做到彬彬有礼、心平气和。无论客户有多难应付，都要控制住局面。在气愤的客户面前，只能用同情和理解去化解不和。和气、耐心以及能力才是唯一可用的武器。以下谚语可供大家参考：客户永远是正确的；笑一笑，忍一忍。如果客户抱怨个不停，那就潜心忍耐，然后再去处理导致客户不满的问题。

遇到客户大发雷霆时，不要觉得对方的矛头直指向你。客户发怒的原因并不在你，他们与你素昧平生，为什么要朝你发怒呢？客户的怒气往往对事不对人，他们也许是因为失望、沮丧或觉得吃了亏感到愤愤不平。有些人的抱怨或许是无理取闹，有些人的反应也许真的有些小题大做。但不管怎样，客户的怨气都不是针对你。你只不过恰好充当了出气筒罢了，只要把问题解决掉，就可以一跃成为救场的英雄了。

另外，不要忘了：家家都有本难念的经。客户之所以冲着你大吵大嚷，可能是因为倒了一天的霉，而在你们店里的遭遇恰巧成了引爆炸弹的导火索。或许她刚被炒了鱿鱼，或许爱人刚刚去世，又或许刚从医院拿到一份情况不容乐观的诊断书。她这一天已经够"背"的

了，你又何苦火上浇油，和她大吵一架呢？

几十年前的一个除夕夜，在巴德·戴维斯曾教导我如何处理与客户的纷争的那家万豪酒店里，一位满腹怨怼的客户要求见经理。那位经理便是我。这位客户本打算偕妻子一起来酒店迎新年，却被告知酒店没有接到他们的预订信息，于是大为恼火。当时酒店座席已全部订完，店里人满为患。我跟那位客户讲，我们的接待员说得没错，酒店的确订满了。闻后，这位客户大发雷霆，用最不文雅的言语辱骂我没大脑，还说酒店的员工都是无能的傻子。我深吸了一口气，冷静地告诉他，我会想办法改正自己的错误。没错，我的确把失误揽到了自己身上，因为这个失误确实是我的，而不是客户的。但这位客户只顾着吵闹，没有听清我的话。于是，我语气坚定但绝无挑衅地问他："您是希望继续对我发火，还是希望我妥善解决问题呢？"他低声回答："处理问题吧！"我告诉他我会负责把问题处理好的。如此这般，客户也就平静了下来。

我把夫妇二人送至吧台，为他们免费点了香槟，还附赠了两顶除夕夜戴的尖顶帽（戴上搞笑的帽子，恐怕想发火也难）。然后，我找到酒店分管宴席的部门，找到了一张可供两人坐的鸡尾酒桌，在餐厅为这台小桌子腾出了一个角落。15分钟后，两位客户便在这张摆放着鲜艳玫瑰和浪漫烛火的小桌前就座了。几个小时后，两位客户餐毕付款，酒店不仅得到了一笔进账，也挽留了客户的心。

　　这难道不比把难伺候的客户赶出店外好千百倍吗？除了表面上得到的利益，我也为其他员工树立了一个值得学习的榜样。不要忘了，管理人员的职责之一，就是提供正确处理事务的范例。如果不能以正确的态度去面对客户和员工，自然也没有资格去要求别人。

　　总结多年的工作经验，我认为以下几点可以帮你在面对气愤的客户时保持冷静：

　　·**让客户尽情抱怨**。听客户把事情的来龙去脉讲一遍，不要打岔。有时，客户需要的只是两只聆听的耳朵罢了。

　　·**对问题担起责任**。不要推卸责任，不要辩解，不要找借口。无论是人手不够、运货车出了事故，还是

企业服务器出了故障，在客户看来都不是理由。

· **尽量找出简便快捷的解决方法。**如果实在没办法，就问问客户能不能让你在24或48小时后再联系他们。以我的经验来看，恭敬的态度能够抚平绝大多数客户的情绪。另外，客户消气之后，要比正在气头上更容易接受问题的解决。

· **忍一时风平浪静，退一步海阔天空。**虽然我们需要把客户永远奉为正确的一方，但是有时候，失误的确要归结于客户，他们或许误读了协议条例、签下了错误的日期，或者把信息搞混了。在这种情况下，想打赢嘴仗确实易如反掌，但"战争"的成本实在太高昂了。有时，忍一忍才是更好的选择。如果缄口不言能让你留住客户的话，又何乐而不为呢？

· **为投诉构建畅通的渠道。**开设热线服务台，或者，派遣那些善于处理投诉的专员来回复电子邮件。把这种举措当成是在打"预防针"。今天在应对投诉工作中下些功夫，明天就能免去各种纷争、苦恼。

· **莫论输赢。**即便在纠纷中赢了客户，实则双方都输了。

法则34

永远不要说"不"

我有位朋友要出趟差，比他3:40的航班提前了一个小时到了登机口，恰巧在那儿碰到了他老板。原来老板也要去同一个地方出差，不过搭乘的航班要比他早一些。于是，我友人问登机口工作人员，"请问是不是已经满员？"工作人员回答说："还有差不多一半的座位空着。"

"有空位，太好了！那我能不能换乘这个班次？"

"不行！"

友人一再恳求行个方便，对方始终无动于衷。得到的答案还是"不行"，没有商量的余地。

没人会喜欢听"不"这个字眼，它会激起人各种

负面的情绪和反应。事实上，有研究表明，即便是父母，轻易也不要跟年幼的孩子说"不"，因为这个字眼儿会让禁忌更具诱惑力，令孩子更想去尝试。成年的客户实际上跟孩子没多大区别。一听到"不"这个字，他们的大脑就会进入防御模式，使他们更坚定地去把"不"转化成"是"。

"不"是个让人绝望的字眼儿，有种懈怠的意味儿。如果第一反应就断然说"不"，那就等于说，你图省事儿，不愿意为客户满意做出努力。"法则2"中我讲过的那家航空公司的故事，他们的工作人员就一再地用"不"这个字眼儿来搪塞我。我的孙子朱利安目睹了整件事情。他认为，西南航空公司和这家航空公司的区别就在于，西南航空公司说了"是"，而这家航空公司说了"不"。

还记得20世纪80年代南希·里根发起的对毒品说"不"运动吗？说"不"这招并没有打赢反毒品之战，也无法赢得客户的忠诚。对此，你要做的刚好相反——要么永不说"不"，要么说句"不用担心"岂不更高明？这句"不用担心"，意思是"我理解您的问题了，让我看看能帮您做些什么"，或是"不用担心，我得把您的问题上报给主管，一小时之内回您电话可以吗？"

即使碰到无法满足客户需求的情况，也要尽量避免使用"不"这个字眼。用不同的方式来表述答案，不要把客户的希望完全掐灭："让我想想办法，明天打电话给您行吗？"然后立刻着手满足客户的需求，或者，另寻一种合理的解决方法。务必要在承诺的时限之前给出答复。回答或许依然是否定的，但是不要把"不"字说出口。相反，要把注意力放在能为客户做的事情上，为谈话定下积极的基调。可以说："我可以送您商店的购物券，但是很抱歉，我不能给您退款。"或者说："我们很乐意给您维修，但是我没有得到上级的批准，所以不能给您换新的。"客户或许会感到失望，但是仍然会感谢你真诚的付出，也就很有可能会继续在你那里消费。

简而言之，不到万不得已，绝对不要说"不"。如果没有为满足客户需求而用尽一切办法，就不应用

"不"去搪塞客户。如果真到了非说不可的时候，这个"不"字也应该由经理、主管或企业老板来说。

如果觉得客户的需求太过得寸进尺，让你不仅想用"不"回绝他，甚至还想把他送到疯人院里去，这时你该怎么办呢？当然是忍耐（详见法则33）。深吸一口气，笑一笑，然后请客户给你些时间，让你把问题再回顾一下。即便心里清楚，这位客户的要求简直无异于痴人说梦，也要这样做。告诉客户何时会联系他，然后在时限之内给出答案。经过一段时间的冷静，绝大多数人都会通情达理很多，如果能让他们看到你付出了努力，那他们就更能理解你了。

在迪士尼供职的时候，我接到过一个年轻客户的电话，大吵大嚷、怒不可遏。原来，在我们的一家主题公园的表演过程中，一位工作人员禁止他的女朋友拍照。我向他解释了相关的规定，相机的闪光灯会对表演者的安全构成威胁，也会打扰别的游客。但那位客户却坚持说，我们的工作人员对他们很无礼，还说这件事情让他们游兴全无。要求公司对他们进行赔偿：其中包括迪士尼世界度假区的免费游，外加从纽约到度假区的飞机票，一样也不能少。

我知道，我们绝不可能满足这位客户的需求。即便如此，我还是跟这位抱着撞大运心态的客户讲，我会好好调查此事，过几天就会打电话回复他。等到我回复他时，他已经冷静了下来，我告诉他我无法完全满足他的要求，让他想想看还有没有其他方法能给他们做做补偿。最后，我们达成了一致。说好了，下次他打算来迪士尼世界游玩的时候，可以打我的工作电话通知我，这样我就可以为他和他的女朋友安排一些特别的游玩项目。请注意：在整个对话过程中，我一个"不"字也没有使用。

作为一名管理人员，你不仅可以针对客户使用这项策略，也可以以此处理员工的需求。比如说，刚刚公布当周的值班表，谁知却有人说周六不能来上班了。如果直接说"不"，或许能为自己省去不少麻烦。但从长远来看，如果这名员工因不满答复而在工作中敷衍了事，或是萌生跳槽的想法，抑或用你对待他的态度来对

待客户，这个"不"字的代价可就大了。因此，应该告诉这位员工："给我一天的时间处理一下这个问题，我试试看能不能找人代替你。"这句话里的关键词是"试试看"，如果真的做了尝试，即便最终拒绝了员工的要求，他还是会把你的付出看在眼里，感到自己得到了尊重。

在本书末次审稿时，我亲身经历了一次"永不说'不'"的一流服务。当时，我和普丽西拉在旅行。途中，住了伊斯坦布尔的一家名叫西芭丽（Kybel）的旅馆。那是个只有16间客房的小旅馆。一天傍晚，普丽西拉问大堂服务生亚萨尔·瑟坦卡亚（Yasar Cetinkaya）有没有曲奇饼，我们并没有看到曲奇饼，菜单上也没有标注。亚萨尔并没有给出否定的答案，反而问我们："需要加糖吗？"普丽西拉回答："加糖。"亚萨尔微笑着走开了。几分钟后，他有些上气不接下气地端着一盘巧克力曲奇回来了。普丽西拉觉察到他可能特地跑到旅馆外面买的，于是便想询问究竟。亚萨尔坦言说，这份曲奇的确是他跑到另一家旅馆拿来的。最终，普丽西拉吃到了美味的巧克力曲奇，亚萨尔拿到了一笔不菲的小费，我得到了一个好故事，而西芭丽旅馆也得到了我在书中的大力推荐。

最重要的一点是，在绝大多数情况下，相对于不假思索地用"不"搪塞过去，努力寻找解决方法才是上策。在我的人生字典里，"不"这个字是带有消极不快的色彩的。但是，"不用担心"在我听来却如同天籁，相信客户也必有同感。

法则35

灵活变通

每每听到"零容忍"这个词，我都会禁不住皱下眉头。人们常以此为理由，去开除那些带了塑料餐刀来学校的学生，或者，去拘捕那些在商店偷窃食物的流浪汉。在我看来，零容忍事实上应该被称作零灵活度。如果客服缺乏灵活性，就会同教育和法律工作中僵死的教条一样危害巨大。要灵活变通，就得开放思想，接纳新的想法和不同的观点，适应变化的环境，稍作变通下让客户满意。

承认吧，你并非完美无缺！人无完人，谁都会犯错。世易时移。如果不能灵活变通地修订政策流程，就会输给那些应变能力较强的对手。最优秀的管理人员不仅思想开放，而且喜欢汲取新点子。他们不仅适应能力强，而且也乐意改进做事的方式——即便不能立马改进，也会尽快。有人曾下过这样的定义，伟大的领导者往往都是些"既知坚守又识变通"的人。而他们坚守的一条最为重要的原则，就是"始终保持灵活变通"。

看到"恕不退货"这样的标语，你会有什么感受？反正我只要看到，就会另换别家。这样的标语等于在告诉我，这家公司不仅缺乏灵活性，而且也不乐意花时间和精力来听听客户的诉求。或许，他们认为自己有充分的理由来实施那样的规定；或许，他们的产品是那种客户使用后经常退货的，跟免费租借品差不多；又或许，他们之前被退货政策坑惨了。但在我看来，那都不打紧，因为除了用僵化的政策来疏远客户，这家公司还可以选择其他途径来处理那些问题。

消费者当今面对的选择可谓是五花八门，让人目不暇接。只要想得到的，没有什么需求是满足不了的。精明的企业人都很清楚，企业的业务流程必须和市场一样有弹性。正因如此，保险公司才会广泛宣传他们的弹性福利，公司才会实行弹性工作制，零售商才会大力推

行灵活的支付方式。还记得汉堡王的"我选我味"的营销活动吗？那句广告语一停用，汉堡王的业务就一落千丈。难道这还不足以说明问题吗？食客们的回应很明确：给我们选择的自由，下次还会光顾；剥夺我们选择的自由，那就只能永远说拜拜了。纠正之后，汉堡王的业务扩展到了世界各地。不久前，我路过汉堡王在伊斯坦布尔的一家门店，那里挤满了人。很显然，他们的经营方式很讨土耳其客户的欢心。

当然，对客户实施零灵活度政策更省事儿。但如果你那么死板，就不用听客户讲那么多，不用考虑他们的意见，不用针对具体问题专门做出决策，不用想方设法处理异常情况。但是，要建立客户的信任和忠诚，这样做恐怕是行不通的。只有灵活应对，把每位客户、每个事件都当成一个独立的、重要的个体去对待，才能赢得客户的信任和忠诚。

在某种程度上，灵活变通也算是一种人格特征。有些人比较保守、古板，跟不上变化，这可能是遗传使然，也可能是后天养成的。而另一些人天性开朗，适应能力比较强，喜欢尝试新事物。这两种人各有其优点，但无论哪一种，如果太过极端，就都会遇到麻烦。的确，在有些情况下，固守传统和标准的做事流程或许是明智之举。不过，审慎地对待周围的变化也不失为一种智慧。但如果总是固执己见、不思变通，那么机遇只会与你擦肩而过。客户都不会喜欢跟那些态度强硬、寸步不让的人打交道。美国大学篮球界有史以来最负盛名的教练、传奇人物约翰·伍登（John Wooden）曾说过："作为一名合格的教练，在情势所迫下，或者为了取得非凡的成绩，也会允许破例。"

有不止一家企业因为政策僵化失去了我这位客户。我曾在一家办公用品店换过一台打印机，结果发现，换的那台用的墨盒跟我之前购的用的不大一样。于是，打电话问能不能把之前订的那台的墨盒退掉，毕竟还没用过，而且也用不上。工作人员跟我说："没问题。"但等我到店里，店员却跟我讲，只能给我张购物券或礼品卡作为补偿，退不了现金，也不能把钱打到我的信用卡上。为什么呢？因为这是他们公司的政策。他

们为什么会有这样的政策呢？前台服务人员也一问三不知。而这正是我要强调的。这家公司总部那帮目光短浅的家伙把店员牢牢地拴在一些僵化的政策上。即便这样会让公司损失客户，店员也得照样执行。他们甚至连不退款的理由都没跟店员讲，实在有欠考虑。

中国有首古诗是这样歌颂竹子的，"咬定青山不放松，立根原在破岩中。千磨万击还坚劲，任尔东西南北风。"好的领导者应该像竹子一样坚韧挺拔，无畏风雨。其实，无论是不是领导者，你都应该把优质的客户服务当成自己的使命。不过，要坚定不移地达成这一使命，你就得像竹子一样富有柔韧性。

法则36
用诚意说抱歉

有没有注意到，但凡有人简短地说句"对不起"，事情就总会出现转机？正如"请"和"谢谢"一样，"对不起"的作用同样不可思议。因此，请把"对不起"也收录到你的"服务用语"中去吧！

犯了错，就有必要跟客户说声"对不起"。但光有这句话是不够的。道歉的方式与这些充满魔力的字眼儿具有同等的重要性。真挚的道歉没有定式，也无法写入电脑编程。真心诚意的道歉更像一门艺术，而非一门科学。话虽如此，真诚的道歉还是有技巧可循的。让我们来看看下面提到的几条建议：

· **据实交代，不要用道歉来敷衍了事**。要让被冒

犯的一方知道你理解他们为什么生气，这一点很重要。所以，做好你的功课，确保道歉是郑重的、有诚意的。找出相关问题，解决造成客户不悦的具体问题。

· **承担起责任**。客观地审视你本人或被投诉下属在本次事件中出现的问题，然后承认自己的错误。

· **巧妙地抓住时机**。有时，道歉越及时越好；有时，缓一缓再道歉才是上策。举例来说，如果需要时间来调查问题始末，那么等等再道歉比较明智。如果客户正在气头上，给客户一两个小时（或一两天）消消气，好让他能平下心来听听你的说法，也不失为一个好主意。

· **选择适当的沟通方式**。道歉的场所和方式也很重要。如果道歉的对象是位长期往来的大客户，就该在晚餐或午餐席间当面道歉（当然，得由你来买单）。如果双方关系没那么密切，那打个电话、写封信（或写个卡片）、发封电子邮件或发条短信可能就够了。选择道歉方式时，主要应该考虑到双方的关系有多久远、有多稳固，当然，也要具体考虑损失的严重程度。

· **道歉要简洁**。不要含糊其辞，不要找借口，也不要费心辩解。要开门见山地道歉。

· **向客户保证下不为例**。或许你无法保证以后不会犯错，但可以承诺采取相应措施来不遗余力地防止重蹈覆辙。

· **主动要求做出补偿**。试着用购物券、礼品券、免邮寄费、产品免费升级等来弥补一下客户的损失。

· **道歉要真诚**。这一点比什么都重要。如果只是滔滔不绝地用空话或"对不起"来敷衍，客户是能够觉察到的。要把真情实感传达给客户。如果你压根儿不想道歉，认为这点事儿真没必要道歉，或错在客户，那又应该怎么办？如果这样的话，你就该拿出自己高超的演技了，因为如果客户想要的是诚恳的道歉，让客户感受到你的歉意就是你的工作。一位喜剧演员曾经说过："最重要的就是真情实感。如果连真情实感都能演出来，那肯定就星途无限了。"好吧，你大可不必修炼到那么高的造诣，但如果你能设身处地地为客户着想，体恤客户不满是有原因的，那么诚恳谦恭的致歉

就简单多了。

还记得埃尔顿·约翰（Elton John）的那首《难说抱歉》吗？如果觉得这首歌唱到你心坎儿里去了，那我得奉劝你：没那么严重！世上无难事，只怕有心人。一句真诚的"对不起"，损失不了什么，反而会给你带来丰厚的回报。

法则37

不失时机地制造小惊喜

我家附近有家大众超市，那儿的收银员总会在结账时问一句："您要买的东西都买到了吗？" 90%的人都会回答"是的"。然而，有一次普丽西拉跟收银员讲："你们这儿没有我常用的那种消化饼干面粉，我正准备做青柠派呢！"无奈之下，她只好另选一种回家。不到一小时，家里门铃响了。我万没想到，门口站着的是大众超市的一位员工，手中拿着一盒普丽西拉喜欢的那种面粉。我不知道他是在仓库里找到的，还是专门从别的超市或其他什么地方找到的。可贵的是，为了让客户满意，他竟然不辞辛劳专程跑一趟送来。

我以前的一位同事也跟我讲，她也曾有过类似的

经历。当时，她从福来鸡外卖窗口买了一份三明治薯条套餐，到家后发现袋子里面没有薯条。她失望地拨通了那家店的电话，经理为他们的疏忽道了歉，并询问了地址。我的那位同事说："本以为他们会给我寄一张薯条免费餐券！谁知半小时后，福来鸡的一位店员拿着满满一大袋薯条到了我家门口。真是受宠若惊啊！"她又补充道："那次的经历让我从此成了他们家的常客。"现在，她还会把这个故事分享给她公司里的员工，让他们明白怎样给客户送出惊喜。

我们都喜欢意外得到的小惊喜。还记得在杰克饼干（Cracker Jack①）包装里发现附赠小礼品的满足感吗？平日里收到精美礼物的那种欣喜也一定很难忘吧？还记得农贸市场上那位热心的大妈送的那颗梅子吗？加油时工作人员主动帮你清洗挡风玻璃的情景也一定让你记忆犹新吧？当然，还有那家免费送你块曲奇品尝的面包房。这可不只是慷慨之举那么简单。这些人都明白，

---

① 焦糖裹层玉米花和花生混合成的一种零食，目前为百事食品公司旗下的商标。

一旦俘获了客户的心，他们制造那些小小惊喜的成本也就变得微不足道了。这种做法差不多在商品交易诞生之初就已经存在了。你知道为什么西方把"baker's dozen"一词引申为"13"吗？这种表达其实早在几百年前就出现了，当时英国的面包师都会在卖出12个面包时送出一个作为赠品。

这里面没什么高深的学问，只要懂得大脑的运作原理就足矣。2011年，脑神经学家们为这经年的智慧提供了科学的依据：

人类大脑的确对惊喜带来的兴奋感有着强烈的渴望。据说，大脑中有个叫伏隔核的区域（即大脑的"愉悦中心"）。相比可预见的愉悦感刺激，那个区域在不可预期的情况下对同等愉悦感刺激的反应更强烈。美国埃默里大学负责这项研究的格雷戈里·伯恩斯（Gregory Berns）博士是这样解释的："相比生日礼物，平日里收到的礼物更能让你欣喜。"也正因如此，你会觉得调酒师意外送的啤酒会比酒吧"买一送一"赠出的更可口。

为客户制造小惊喜的方法不计其数，其中很多方法甚至不需要企业承担任何成本。可以在某位客户身上多花些时间，为其端杯咖啡，为其最喜爱的慈善机构捐笔款。有一次，我常住的一家酒店的总经理给我送了一份惊喜，送了瓶我最中意的红酒。他是怎么知道那是我的最爱？原来，他专门给我家打了电话，从普丽西拉那里打探过。

写这本书的那几个月里，我几乎让接触过的每一个人都发封邮件给我，分享他们的优质客服体验。跟我分享的每则故事不外乎都是一些企业用小赠品为客户送去惊喜的"剧情"。这些只不过是举手之劳。比如，睿侠零售店有位雇员，在为客户的小配件取来电池后，主动帮其把电池装好。还有一些惊喜则需要客服人员费上一番心思。比如，有家独立书店的老板得知有位客户在店里没找到要送给孩子做圣诞礼物的那本书后，专门给同行竞争的另一家店打了电话，请他们为这位客户留一本。还有一位客服代表，在得知打来电话的客户因重病不得不待在家里时，专门延长了通话时间，给那位孤独的客户送去了慰藉。第二天，这位客户还惊喜地收到了那家公司寄来的一大束玫瑰花和百合花，随花束寄来的还有一张写着祝她早日康复的卡片。除此之外，还为她升级了服务——后续订单免费送货。

上文提及的那家公司就是美捷步（Zappos）。我听说过很多有关这家线上零售商的精彩故事。而且，据我所知，《商业周刊》杂志也曾对这家公司有过"在客户服务方面投入了近乎狂热的热情"这样的报道。举例来说，曾有位男客户订制了一双鞋，准备做伴郎出席婚礼时穿。而联合包裹（UPS）把事儿搞砸了。直到客户登机飞往婚礼举行地那刻，鞋还没有送到。那么，美捷步又是如何解决问题的呢？他们连夜往婚礼举行地重新寄了一双鞋，公司承担运费，还把鞋款全额退给了客户。

只需要有一点点想象力，你也可以为客户奉上最意想不到的惊喜，令客户喜出望外。作为回报，客户也会回馈惊喜，不仅会作为回头客频频光顾，还会在其他人面前赞美你。

法则38

精益求精

　　传奇棒球投手萨奇·佩吉（Satchel Paige）曾说过："别回头看，否则就会被别人赶超。"这话在商界也不失为金玉良言。如果取得点儿成就就沾沾自喜，对手很快就会赶超你。今天你或许还能博取客户的青睐，但是，就像歌里唱的那样，明天他们还会依然爱你吗？如果你志得意满、不思进取，其他公司就有可能会想方设法地取而代之，把你的客户挖走。

　　一流的公司有着跟冠军选手、艺术大家以及有远见卓识的发明家一样的心态：他们在进取的路上永不止步。如果你希望企业能以客服闻名，那每位员工都必须进取不辍，要做得一天比一天好，周周有进步，月月有提升，年年有发展。书中每条客户法则都讲到了精益求精，这不是一劳永逸的，而是一个永无止境的过程。自认为已经达到了巅峰，但迟早你会纳闷："咦？客户都去哪儿了？"

精益求精是个过程，而不是目的。更好的永远都在前方，永远都无法触及。就提升客户服务而言，总是会有更好的途径等着你去发掘。所以，你应该朝着那个更为光明的方向不断进取，绝不要回头。今天已经尽了全力，但明天你或许会拥有新的想法、新的操作流程、新的员工或新的视角，而企业的门槛也会随之提高那么一点点。把那些辉煌的记忆封存起来吧！重要的是，今天你可以把团队或员工召集起来探讨一下这个问题——"我们明天怎样才能做得更好？"

法则39

别努力过了头

看到这个标题的时候，你心里会一怔："等等！别努力过了头？这本书通篇不都是在讲努力服务客户吗？"没错，的确如此，而且也应该这么做。但关键在于"别过了头"。努力固然重要，但如果过了头，那就适得其反了。这就像为人父母，如果事事都替子女做，有时比不管不顾还糟！

试想一下，本想独自转转，店员却偏偏咄咄逼人地盯着，反复地询问是否需要帮助，你心里会是什么感受？又或者，餐厅服务生每隔五分钟就跑过来问对菜品是否满意，你会不会心烦？这种情况其实很普遍。我最近看了个卡通故事。里面有个场景：一对夫妇在家里，妻子拿起电话跟旁边的丈夫说："今晚去的那家餐厅的服务生打来的，问我们对用餐是否满意。"在这里我想提醒大家，如果客户强忍着火大叫"走开！"或"别烦我们！"，这就说明你努力过头了。

无独有偶，社交媒体的"美丽新世界①"为企业提供了更多的途径，殊不知这些企业的过度努力反倒令客户兴趣索然。我很讨厌那些有过交易的商家发来邮件要我在脸书（Facebook）上"粉"他们。不知你是否有同感？他们发邮件无非是想提醒关注他们公司的新动态、新产品、特价活动等。如果重大政策变动或新店开业，或者，有清仓大甩卖活动，那偶尔发封邮件无可厚非。但如果每天都用邮件"轰炸"，就有点儿努力过头了。

十有八九，努力过了头，就会适得其反。过于热情，过于殷勤，不仅会惹人厌烦，还会让人觉得虚伪，而客户也会害怕上当受骗而心生戒备。或许你本来并没

① 即"世界国"。援引自英国作家阿道司·赫胥黎创作的长篇小说《美丽新世界》。

有什么想法，但不可否认，人人都讨厌虚伪的人。简简单单几句话，绝大多数人就都能识破伪装。有时甚至不等你开口，他们就能把你看透。而且，也没有人会喜欢被时常打扰。如果客户显然想独享一段购物时光，或者，安安静静地跟同伴吃顿晚餐，此时在他们面前晃来晃去只会被厌弃。

在此我想提请诸位注意，对于服务人员来说，每次都对客户是否需要贴身服务体察入微并不是件容易的事儿。绝大多数客户都比较谦恭有礼，即便受到服务人员打扰，笑笑也就过去了。从事餐饮行业时，我总结了一条普遍适用的经验法则，那就是，如果客户谈兴正酣，或者不想被打扰，那就不要打扰客户；如果客户还没尝几口饭菜，就不要追问他们对菜品是否满意。零售行业，最好让客户自己来决定什么时候需要服务。很简单，服务人员只需在客户进店时叮嘱一声"有需要您随时叫我"就行了。

但这并不表示你可以把他们放在一边。客户很少会抱怨你努力过了头。反而，不闻不问必定会令他们表示心生愤懑。因此，应该培养员工密切关注客户，以便在客户需要时即刻近前服务。不难发现，需要帮助时，客户会暂停谈话，或者暂时放下手里的食物，把目光从饭桌上移开，抑或，从货架旁后退几步并四处张望。我把这种迹象叫作"寻求帮助的长脖子"信号。希望得到帮助时，客户就会像潜望镜一样伸长脖子四处张望。这其中有个规律就是，如果客户需要服务，他们会抬头示意；否则，就不要轻易去打扰他们。

最重要的是，如果服务真的已经做得很好，那就大可不必再去画蛇添足了。相信我，如果企业每位成员都能遵循本书中讲到的这39条基本法则，那为客户提高优质服务就会像用爱供养子女一样顺理成章了。

致 谢

首先，我要感谢我的家人——普丽西拉、丹尼尔、瓦莱丽、朱利安、玛戈特，还有特里斯坦。感谢菲尔·戈德堡（Phil Goldberg）。多亏有你们，我的书才得以付梓。感谢兰登书屋杰出的编辑塔利亚·科罗恩（Talia Krohn），你最棒！感谢兰登书屋的罗杰·舍尔（Roger Scholl），谢谢你鼓励我写成了这本书。感谢林恩·富兰克林（Lynn Franklin），你是一位出色的经纪人，也是我最贴心的朋友。感谢希尔顿酒店、万豪酒店以及迪士尼公司的良师们。是你们教我学会了这些法则。感谢全世界每一位真正懂得客服深义并乐于奉献的人们，特别是我们的一线客服人员。

特别要感谢我的三个孙辈——玛戈特、朱利安、特里斯坦。望你们牢记家规，并能言出必行！